JN411511

행복한
부부가
사는 방법
49가지

행복한 부부가 사는 방법 49가지

2014년 3월 10일 교회인가
2014년 3월 31일 1판 1쇄 발행
2025년 7월 3일 1판 16쇄 발행

지은이 | 크리스타 슈필링-뇌커
옮긴이 | 유향자
펴낸이 | 이은아
펴낸곳 | 바오로딸

01166 서울 강북구 오현로7길 34
등록 | 제7-5호 1964년 10월 15일
전화 | 02) 944-0800 팩스 | 987-5275

취급처 | 중앙보급소
전화 | 02) 984-3611 팩스 | 984-3612

값 12,000원

이메일 | edit@pauline.or.kr
인터넷 서점 | www.pauline.or.kr 02) 944-0944
ISBN 978-89-331-1171-0 03800

Christa Spilling-Nöker, *50 Zutaten zur Liebe*

행복한 부부가 사는 방법 49가지

크리스타 슈필링-뇌커 지음
유향자 옮김

사랑 - 하늘의 선물

삶 속에서
사랑을 경험하는 것
그것은 선물입니다.
그것은 살 수도
성취할 수도
강제할 수도 없는 것입니다.
그것은 당신에게 주어진
가장 위대한 행운이니
정원처럼
잘 관리해야 합니다.
그렇게 해서 사랑은
늘 새롭게
움트고
꽃피우고
열매 맺습니다.

행복한 부부의 비밀

사랑은 아마도 인생의 가장 심오한 비밀이고 인류의 가장 위대한 주제가 아닌가 싶다. 도서관에 가보면 사랑에 관한 책이 서가를 가득 메우고 있는 것을 쉽게 볼 수 있다. 수많은 철학자, 신학자, 심리학자, 사회학자, 시인, 소설가 들이 사랑이란 주제에 매료되었고, 그만큼이나 다양한 생각이 여러 시기에 걸쳐 수없이 책으로 엮어져 왔기 때문이다.

결국 늘 우리를 감동시키는 가장 핵심적인 것은 다른 사람이 나의 존재를 존중하고 존경할 뿐 아니라 완전히 받아들이고 사랑하는 것, 그럼으로써 내가 육체와 정신 모두 위로받고 보호받는다고 느끼게 되는 것이다. 보호받으면서 그 사람을 완전히 신뢰하고 그 사람에게 푹 빠질 수 있길 우리는 늘 꿈꾼다. 그 사람이 나에게 깊은 관심을 갖기를 바란다. 나의 인생사는 어떤 것인지, 내가 어떤 일을 겪었고, 무엇을 두려워하며, 무엇을 목표로 하고, 무엇을 꿈꾸며, 무엇에 즐거워하고, 무엇을 믿으며 신뢰하는지 그 사람이 관심을 갖고 이해하길 바란다.

이 모두 숭고한 바람과 생각이지만 일상에선 다른 모습으로 나타날 때가 많다. 사랑해서 부부로 맺어진 두 사람이라도 밤이 되면 피곤한 몸으로 일터에서 돌아와 아이들에게 시달린 다음, 꼭 필요한 말만 하고, 밥을 먹은 후 텔레비전 앞 소파에 몸을 묻을 것이다. 이렇게 무관심에 젖은 상태에서 탈피하여 함께하는 생활에 새로운 활력을 불어넣기 위해서는 부부가 모두 끊임없이 노력해야 한다.

모든 사랑에는 상대를 받아들이거나 견디는 것조차 쉽지 않은 상황들이 있게 마련이다. 그럴 때 평소에 닦아놓은 유머 감각이 그런 상황을 이겨낼 힘이 되어줄 수도 있을 것이다. 이 책에서는 사랑이라는 주제를 때론 유쾌하게 때론 깊이 있게 살펴볼 것이다. 이 책을 읽고나서 부부가 새롭게 사랑을 바라보게 된다면 서로에 대해 이러저러한 점을 발견하고 웃어넘길 수도 있을 것이다. 그렇게만 된다면 함께하는 생활이 어려움에 처해도 웬만하면 굴하지 않는 유쾌함이라는 멋진 맺집을 키울 수 있을 것이다.
결국 사랑이란 만들어낼 수 있는 것이 아니다. 사랑은 우리가 그것을 경험하는 곳에 존재한다. 사랑은 우리 마음대로 할 수 없는 귀한 선물이어서 조심스럽게 다루어야 한다.

차례

1

배려

아내는 저녁 늦게 집으로 돌아왔다. 예정에도 없던 야근 때문에 상사에게 화가 나 있었고, 동료와는 불쾌한 언쟁까지 있었다. 현관에 들어서는 아내를 보는 순간 남편은 아내의 머리가 아프다는 것을 알아차렸다.

"당신, 오늘 힘들었나 보네."

남편은 이렇게 말하며 아내를 부드럽게 안았다.

"이리 와서 좀 누워."

아내를 이끌어 소파에 눕게 하고는 부엌으로 가서 차를

준비했다. 김이 모락모락 나는 차를 가지고 온 남편은 아내 옆에 앉아서 발을 마사지해 주며 오늘 일어난 기분 나쁜 일들을 이야기하게 했다. 아내의 하소연을 다 들은 남편은 말했다.

"다른 사람들이 뭐라든 나한테 당신은 이 세상에서 가장 멋진 사람이야."

아내는 스르르 잠이 들었고 남편은 이불을 덮어주었다.

당신은 내게 기댈 곳을 줍니다

내가 당신을 필요로 할 때
당신은 나를 위해 늘 그곳에 있습니다.
내가 피곤하거나
어찌해야 할지 모를 때
당신께 나를 맡길 수 있습니다.
당신은 나를 그저 조용히
품에 안아주면서
나의 절망과 나의 두려움을
함께 짊어집니다.
그렇게 당신에게 기대어 쉬면서
스스로 다시 삶을 꾸려갈 수 있는
새로운 힘을 얻습니다.

2

관심

나는 당신과 함께하고 싶어요.

당신이 생각하는 것, 바로 지금 당신을 사로잡고 있는 것, 당신에게 일어나는 일 모두를 함께하고 싶어요.

오늘 당신의 하루는 어땠나요?

무엇을 경험했고, 어떤 것에 감동을 받고 상처를 받았으며 기분이 좋아졌나요?

어떤 생각이 당신의 머리를 스쳐갔나요? 또 어떤 생각이 금방 사라지지 않고 잠시만이라도 당신에게 중요하게 여

겨졌나요?
어떤 사람들을 만났고, 그 사람들은 당신에게 어떤 의미였으며 어떤 메시지를 남겼나요?
당신이 친구라고 부르는 이들은 누구이고, 무엇이 당신과 그들을 연결해 주고 있나요?
지금 당신은 어떤 책을 읽고 있으며 거기에서 무엇을 얻었나요?
어떤 꿈을 꾸었는지, 그 꿈이 당신에게 어떤 기분을 불러 일으켰는지 말해주세요. 무엇이 저 깊숙한 곳에서 당신을 움직여, 현란한 꿈으로 나타났는지 함께 풀어보고 싶습니다.

나는 당신이 정말 어떠한지, 당신이 무엇에 기뻐하고 무엇을 두려워하며 무엇을 갈망하고 무엇으로 행복해하는지 진정 알고 싶습니다.

그렇게 많은 것을 당신과 함께하고 싶습니다.

당신의 열정, 두려움, 희망, 절망, 꿈, 기대 들은 물론 나의 그 모든 것까지도 당신과 함께하고 싶습니다.

3 솔직함

사랑의 행복은 상대 앞에서 나를 완전히 드러내도 되는 것.

사랑의 비밀은 많은 것을 말하지 않은 채 두는 것.

사랑은 이 두 가지가 결합된 것.

>> **지그문트 그라프** Sigmund Graff, 1898-1979(소설가, 극작가)

솔직함은 부부 관계에 꼭 필요한 것이다. 자신의 경험에 대해 이야기할 때 열린 마음이어야 하고 상대의 눈을 진실하게 바라볼 수 있어야 한다. 쉽게 입에 올릴 수 없는 미묘한 경험에 대해서도 마찬가지다. 그러기 위해서는 서로 진심으로 존중하고 있다는 것을 알 수 있을 정도로 부부 간에 깊은 신뢰가 있어야 한다.

이런 신뢰가 바탕이 되면 어렵게 이야기를 꺼낸 그 마음을 위로하고, 이야기한 그 사건이 부부 관계에 어떤 의미가 있고 그에 어떻게 대처할지 함께 의논할 수 있다. 그 과정에서 부부 사이는 더욱 가까워지고 애정은 돈독해져 관계가 오랫동안 지속될 수 있는 기반이 마련된다.

그러나 상대가 이해해 주지 못하거나 참지 못할지도 모른다는 두려움을 갖고 있다면 어떨까? 상대에게 상처 주지 않고 두 사람의 관계를 위험에 빠뜨리지 않기 위해 침묵하고 혼자 비밀로 간직하는 것이 더 나을까? 말하지 않는 것도 거짓말 아닐까? 아니면 자아의 발전을 위해서 삶의 어떤 부분은 오로지 자신만의 것으로 남겨둘 권리가 있는 것일까? 이것은 줄타기와 같은 고도의 균형 잡기 문제다.

하지만 중요한 것은 상대에게 모든 것을 말할 필요는 없지만 모든 것을 말할 수는 있어야 한다는 점이다.

4
결혼

독일의 대표적인 시인 실러Friedrich Schiller, 1759-1805는 이런 말을 했다. "영원히 맺어지는 것이니 잘 살펴봐야 한다." 이 말 뒤에 "더 나은 사람이 있지 않은지를"이라는 말을 덧붙이고 싶다. "약혼이란 꼭 쥐고서 계속 찾는 것"과 다름이 없다. 결혼은 일생 동안 한 사람과 맺어지는 일이기 때문에 사랑에 휩쓸려 결혼식장으로 돌진하기보다 실제로 지금의 관계가 일생 동안 함께하는 기반이 될 수 있는지 잘 살펴보아야 한다. 사는 방식이 맞는지, 공통의

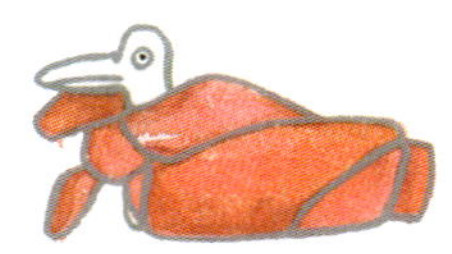

관심사를 갖고 있는지, 미래에 대해 같은 꿈을 꿀 수 있는지, 부부로서 같은 목표를 추구할 수 있는지 말이다.
오늘날 혼인신고 없이 함께 사는 연인들도 꽤 있다. 물론 관계에는 성장하고 성숙하는 시간이 필요하며 관청에서 발급하는 증명서나 친지의 축복이 성공적인 결혼의 보증서가 되는 것은 아니다. 그러나 언젠가는 관계가 맺어짐을 드러내는 의식이 필요할 때가 올 것이다.

그럼에도 그들은 결혼했어요

에리히 케스트너 Erich Kästner, 1899-1974

두 사람은
소설에서나 볼 수 있듯이
그렇게 서로
무척이나 사랑했습니다.
하지만 여자는 돈이 없었고
남자도 가진 것이
아무것도 없었어요.
그래도 둘은 결혼했고
하나가 되어 웃었습니다.

5
매력

매력이란 묻지 않고서도 '네'라는 대답을 받아낼 수 있는 기술이다.

>> 알베르 카뮈 Albert Camus, 1913-1960

"당신의 매력에 마음을 빼앗겨 당신이 원하는 대로 해주겠다고 했지요.
이제 우리는 하나가 되었습니다.
아무도 우리의 사랑을 깨지 못한 것은
정말 놀라운 일입니다."

오래된 사이일지라도 매혹적인 몸짓이나 표정으로 상대의 마음을 움직일 수 있는 순간이 있다. 그리고 이런 사실을 알게 되는 것은 기분 좋은 일이다.

매력 발산을 놀이처럼 번갈아 해보자. 나의 매력이 상대방을 흔드는 순간, 상대방의 매력에 내 마음이 설레는 순간, 사랑을 처음 시작했을 때의 마법이 다시 새롭게 빛을 발할 것이다.

칭찬

남자가 여자에게 말합니다.
"당신은 자꾸 보고 싶은 아름다운 여자야."
여자가 남자에게 말합니다.
"당신은 홀딱 반할 만한 멋진 남자야."
남자가 여자에게 말합니다.
"노래를 멋있게 부르는 당신은 가수야."
여자가 남자에게 말합니다.
"능력 있는 당신은 꼭 필요한 사람이야."
남자가 여자에게 말합니다.
"당신은 아주 똑똑해서
배움에서도 만족을 모르지."
여자가 남자에게 말합니다.
"자, 이제 그 정도 하시고
잼 병 뚜껑이나 열어주시지."

6

감사

“일요일 이른 아침, 나를 위해 사랑 가득한 음식을 만들어주어 고마워요.
내가 뭔가를 고장 낼 때마다 꼼꼼히 고쳐주어 고마워요.
내가 사랑하는 사람들의 생일을 챙겨주어 고마워요.
언제나 화초에 물을 주고 꽃을 돌봐주어 고마워요.
행사가 있을 때마다 집을 멋지게 꾸며주어 고마워요.
나 혼자라면 엄두도 못 낼 일, 관청에 제출할 서류를 처리해 주어 고마워요.

내가 아플 때 밤낮으로 내 머리맡을 지켜주어 고마워요. 당신이 사려 깊게 배려하고 사랑을 담아준 그 모든 것을 늘 당연한 것처럼 받기만 했습니다. 그러니 이제 사랑 가득한 나의 감사를 꼭 받아주세요!"

사랑하는 사람에게 한 번쯤 이런 감사의 말을 전하고 싶은 생각이 들지 않는가? 아침 식탁 위에서 손으로 쓴 감사의 글을 아내가 또는 남편이 발견한다면 얼마나 기쁠까? 그런 글을 읽게 된다면 자신이 했던 일들이 사랑으로 받아들여지고 존중되며 귀하게 여겨진다고 느끼게 될 것이다.

감사는 사랑 가득한 행동으로도 표현될 수 있다. 이런 행동은 말 없이도 많은 것을 말해줄 것이다.

이렇게 다양한 감사는 두 사람이 함께하는 생활을 더욱 순탄하게 만들어 줄 것이다.

자, 이제 당신 차례다!

7
거리 두기

저녁의 행방

공작은 저녁마다 백작부인을 찾아갔다. 후에 공작부인이 세상을 떠났고 백작부인도 혼자되었다. 친구들은 공작에게 백작부인과 결혼할 것을 권했다. 공작은 이렇게 말했다. "음, 나도 그 생각을 해보긴 했는데, 그러고 나면 나는 저녁마다 어디로 가야 하지?"

혼자만의 저녁

사랑에 빠져있을 때 우리는 모든 시간을 사랑하는 사람과 보내고 싶어 한다. 물론 이것은 멋진 일이다. 그러나 시간이 지남에 따라 이러한 상황은 변한다. 한 번쯤 혼자만의 저녁을, 방해받지 않고 오로지 자신이 바라는 것만을 할 수 있는 시간을 원하게 된다. 조용히 책을 읽거나 편지를 쓰고, 남편이나 아내는 지루해하지만 나는 좋아하는 영화를 보고, 오랫동안 연락을 못 했던 친지들과 전화를 하고 만나고 싶을 때가 있는 법이다. 사랑하는 사람을 존중하는 마음이 결여되어서 혹은 사랑하는 마음이 없어져서 그러는 것이 아니다.

누구에게나 자기 자신만을 위한 시간이 필요하기 때문이다. 그렇게 다른 곳에서 충전하여 사랑하는 사람에게 다시 새로운 것을 전할 수 있는 것이다. 그러므로 우리는 사랑하는 사람들에게 숨 쉴 수 있는 공간을 인정해 주어야 한다.

이런 말이 있다.

"그들은 공기와 사랑만을 먹고 산다."

이 말을 이렇게 해석해 볼 수 있을 것이다.

"서로에게 숨 쉴 공간을 충분히 허용했기에 그들의 사랑은 지금껏 살아 있는 것이다."

때론 나만의 시간이 필요합니다

그런 때가 있지요.

당신과 거리가

필요한 때가.

그러면 나는 한동안

나 자신과

나의 생각과

나의 감정과 더불어

오롯이 혼자여야 합니다.

제발 오해는 하지 말아주세요.

때가 되면

두근거리는 설렘과

새롭게 생겨난 애정 속에서

우리는 다시 만나게 될 테니까요.

8
질투

질투를 한다는 것은 자기 자신을 의심하는 것이다.

>> 오노레 드 발자크Honoré de Balzac, 1799-1850

자신이 휘두른 칼에 자신이 맞다

두 사람은 젊고 서로 사랑했다. 그러나 여자는 남자가 예쁜 여자만 지나가면 고개를 돌리는 것을 어쩌지 못했다. 그러던 어느 날 여자는 더 이상 참을 수 없었다. 그때 두 사람은 함께 휴가 중이었는데 남자가 다시 매력적인 여자를 보고 고개를 돌리고 있었던 것이다. 여자는 아무 말 없이 건널목을 건너오는 잘생긴 남자를 바라보며 고개를 돌렸다. 남자는 화를 내며 지금 자기와 함께 있으면서 어떻게 그럴 수 있냐고 물었다. 여자는 웃으며 대답했다.

"그래? 난 당신이 늘 그랬던 것과 똑같이 했을 뿐인데?"

질투는 병이다

'질투는 일종의 열정으로, 고통을 주는 것을 열심히 찾는 것'이란 말이 있다. 질투도 어느 정도는 좋은 작용을 하여 부부가 서로에게 의미 있는 존재임을 보여주는 면도 있다.

그러나 대부분의 경우 질투는 병적인 통제행위다. 질투는 사랑이라기보다는 상대에 대해 자신의 힘을 지속시키려는 것이고, 그것이야말로 두 사람의 관계를 파탄으로 이끄는 출발점이 된다. 그렇게 사랑이 시작된다면 참으로 안타까운 일이다.

9

결정

"'나중'이 언제냐고 그에게 물었다. 그러나 그는 그저 웃으며 '나중에' 알려주겠다고 했다. 나는 그를 사랑했지만, 그를 떠났다. 나중에…, 그때는 너무 늦을 것만 같았다."

이것은 1970년대 독일에서 유행했던 노래의 후렴이다. 이 노래에서 남자는 나중에 부자가 되어 인생을 즐기고 여자와 함께 성공을 축하하려고 했다. 그러나 남자는 일찍 죽는다.

여자는 남자와 헤어지기로 결심한다. 여자는 현재 행복

하길 바라는 것이지 언제 올지 확실치도 않은 미래를 남자와 함께 기다릴 수 없었기 때문이다.

만약 아내가 혹은 남편이 오늘 죽는다면, 그 사람이 살았을 때 함께 해보지 못했다고 가장 아쉬워할 것이 무엇일지 잘 생각해 보자. 떠오르는 것을 모두 종이에 적어보고 내가 바라고 꿈꾸는 것과 그 사람이 바라고 꿈꾸는 것 모두를 함께 실행에 옮겨보자.

결정을 내리면

언제가 한번은
결정을 내리고,
'예' 혹은 '아니요'
라고 말할 것입니다.
그리고 어쩌면 일생 동안
그 결정을 지키게 될 수도 있습니다.

10

상상

당신을 위한 상상

사랑하는 사람을 위해 무언가 생각해 내는 일은 즐거운 일이다. 예를 들면 생일에 선물만 예쁘게 포장할 것이 아니라 생일상 전체를 창의적으로 꾸며봐도 멋질 것이다. 그 사람의 생일이 가을이라면 선물 포장에 낙엽을 더해 보거나, 선물 주변을 호박, 밤 모양의 초콜릿 등으로 장식해 보면 어떨까? 산책길에 낙엽을 주워 선물 속에 함께

넣고, 낙엽과 색이 잘 맞는 초와 가을꽃으로 만든 꽃다발을 더한다면 최고의 장식이 될 것이다.
상상은 부부 관계에 날개를 달아준다.

함께하는 파티 준비

함께 파티를 준비하는 일도 많은 즐거움을 준다. 그것은 단지 초대할 사람이나 경비를 의논하는 일만을 의미하지 않는다. 우선 초대를 어떤 형식으로 하는가라는 문제부터 시작할 수 있다. 초대장에 두 사람이 함께 찍은 사진과 재치 있는 문구를 넣을까, 어떤 인사말로 손님들을 맞을까, 파티 중에 손님들과 무슨 대화를 할까, 연주자들을 섭외할까 아니면 모두 함께 노래를 부를 수 있도록 준비해 놓을까, 손님들 한 사람 한 사람을 멋지게 소개할 재미있는 방법이 없을까…. 생각하고 계획하고 정리하고 새로운 아이디어를 발전시켜 나가는 것은 굉장히 즐거운 일이다.

삶의 활력소

상상은 삶에 아주 특별한 풍미를 더합니다.
집을 어떻게 꾸미면 사람들이 모두 황홀해할까?
계절에 따라 무엇을 어떻게 바꿀까?
사랑하는 사람은 어떤 것을 좋아할까?
가방 속에 간식거리를 넣어두면
일할 맛이 더 나지 않을까?
사랑도 음식을 함께 나누면서 생긴다는데
오늘은 무슨 요리를 할까?
친구들에게 무엇을 선물할까?
그 선물을 어떻게 포장해야 멋질까?
이 모든 상상이
우리 삶에 큰 기쁨을 줄 수 있습니다.

11
자유

편안한 관계를 위하여

부부 관계에서는 절대로 '저 구름 위의 세상'처럼 한없이 자유로울 수 없다. 나의 자유로 인해 그 사람이 상처받을 수 있는 상황이 생기기 때문이다. 부부 관계에서 자유는 한계에 직면하게 된다.

"당신의 이런저런 말과 행동 때문에 무척 마음이 아파요." 이런 말을 완전히 무시하기란 어렵다. 때에 따라서는 불쾌한 힘 겨루기로 흐를 수도 있다. 또 아내에게 또는 남편에게 상처를 주지 않으려 친하게 지내던 사람들이나 지금까지 다른 사람들과 함께 즐겨 해오던 활동들을 포기해야 할 수도 있다. 자신의 개인적인 어떤 부분을 포기할 수밖에 없는 것이다.

그러므로 부부 관계에서 두 사람 모두 편안해지려면 서로에게 자유로운 영역을 인정해 주는 연습이 꼭 필요하다.

내 생각은요…

부부 관계 속에서 개인의 자유라는 것은 자신의 생각을 형성하는 것뿐 아니라 그 생각을 스스로의 결정으로 외부에 주장할 수 있어야 함을 의미한다. 그렇지 않으면 독일의 소설가이자 극작가, 시인이었던 프란츠 베르펠Franz Werfel, 1890-1945과 같이 될 수도 있다.

베르펠은 유명한 지휘자이자 작곡가 구스타프 말러Gustav Mahler, 1860-1911의 아내였던 알마 말러Alma Mahler, 1879-

1964와 결혼했는데, 알마는 집안에서 독재자로 군림하는 것으로 유명했다. 당시는 독일에서 나치(국가사회주의)가 맹위를 떨치고 있을 때였는데, 어느 날 베르펠은 집에 찾아온 손님에게서 이런 질문을 받았다.

"이 시대의 정치 상황에 대해서 어떻게 생각하세요?"

"음, 글쎄… 확실히 모르겠는데…."

베르펠은 머뭇거리더니, 일어서서 옆방으로 난 문을 열고 소리쳤다.

"여보, 이리로 좀 건너와 봐요! 여기 누가 내 생각을 듣고 싶다는데?"

당신 자신이 되세요!

당신이 내 곁에 머물고자 하신다면,
당신은 항상 당신 자신으로 있어야 합니다.
나와 함께하기 위해
당신의 어떤 부분이라도 포기한다면
당신이 가진 그 많은 재능이 너무 아깝잖아요.
정말로 사랑한다면
우리 서로의 개성을
존중할 수 있을 겁니다.
그리고 자아를 펼칠
자유로운 공간을 보장하고
서로의 비밀을 존중할 것입니다.
이렇게 성장하고 발전한다면
우리는 서로 독립적이고 자유로운 인간으로
만날 수 있을 겁니다.

12
친구

감옥이 된 관계

갓 이혼한 젊은 여자가 자신의 결혼에 대해 이야기했다.
"우리는 잘못한 것이 정말 많아요. 그중 하나가, 언제까지나 우리 둘만 있으면 충분하다고 생각한 것이었어요. 하지만 그 생각은 이내 공연한 질투가 되어버렸지요.
나는 남편이 스포츠동호회 사람들과 어울리는 것을 점점 참지 못하게 되었어요. 남편은 내가 친구들과 만나 커피 마시면서 수다 떨고 함께 쇼핑 다니는 것이 불만이었고요.

그래서 우리는 친구를 만나고 동호회에 나가는 일을 줄였어요. 그렇게 하면 서로의 불만을 해결할 수 있다고 믿었던 거죠.

하지만 그건 착각이었어요. 친구들이나 동호회 활동에서 얻을 수 있는 즐거움은 남편이나 내가 서로를 통해 충족할 수 없는 것이었거든요.

결국 결혼은 점점 감옥이 되어갔고, 우리는 각자 다른 사람을 사귀는 방식으로 이 감옥에서 탈출하고자 했죠. 그렇게 우리 관계는 끝났습니다. 대화도 소용 없었어요."

또 다른 여자는 이런 이야기를 들려주었다.

"결혼하기 전에 나는 친구들을 생일 파티에 초대해서 남편을 소개해 주었어요. 남편도 나를 친구들에게 소개해 주었고요. 그런 식으로 우리는 서로 그때까지 어떤 사람들과 친하게 지냈는지 알아나갔습니다.

이렇게 해서 알게 된 친구들과는 기회가 될 때마다 함께 만났어요. 남편은 친구들과 만날 때 좋은 분위기를 만들어서 나를 불렀고, 나도 내 친구들과 만나는 자리에 남편을 불렀죠. 우리는 기회가 될 때마다 서로의 친구들을 만나려고 애썼고, 함께 많은 시간을 보내며 친해졌어요. 결혼하면서 남편의 친구, 내 친구를 서로 공유하게 되니 친구가 두 배로 늘어난 셈이죠.

결혼하면 친구와 멀어지기 쉽다지만 잘만 하면 이렇게 잃고 싶지 않은 친구도 지키고 새 친구드 사귈 수 있는 게 또 결혼이더라고요."

13
자식

자식이란 부부 관계가 생산적임을 상징적으로 나타내는 존재다. 한 명의 새로운 인간이 세상에 태어났으니 그 행복이란 이루 말할 수 없는 것이다. 하지만 아기를 갖지 못해 끊임없이 고통스러워하는 부부도 많다. 그래서 모든 가능한 방법, 심지어 인공수정까지 시도하며 그토록 고대하는 후사를 얻고자 한다.

그러나 과연 자식만이 부부 관계를 생산적으로 만드는 유일한 방법일까?

아내가 생식 능력이 없는 남편과 끈질기게 대화하고 설득해서 결국 칠레의 한 고아원에서 갓난아이를 입양하기로 결정한 부부도 있다. 또 교회에서 운영하는 시설에서 봉사하는 부부도 있고, 에이즈에 감염된 아프리카 아이 두 명을 후원하는 부부도 있다.

이 부부들의 생산성은 자식을 낳은 부부의 생산성만 못하다고 누가 말할 수 있겠는가?

크고 다양한 사랑의 길

사랑은
생산적이고자 하고
세상에 새로운 생명을
선물하고자 합니다.
이를 가능케 하는 방법은
우리 인간이
생각하는 것보다
더 크고 다양합니다.

14
느긋함

깨진 접시는 행운을 가져온다

손님이 모두 돌아가고 나자 부엌엔 설거지할 그릇들이 수북이 쌓였다. 부부는 포도주를 한 잔씩 마시면서 그릇들을 식기세척기에 넣고 돌렸는데, 그 후 뒷정리를 하면서 남편은 접시 세 개를 깨고 말았다. 남편은 큰 소리로 화를 냈다. 이 소리를 듣고 서둘러 부엌으로 달려온 아내가 물었다.

"어디 다쳤어?"

"아니."

"그런데 왜 화가 났어? 접시야 다시 사면 되는걸."

함께하는 일상에서 이런 자잘한 사고는 언제나 일어나기 마련이다. 문제는 이런 사고에 어떻게 대처하느냐 하는 것이다. 이 때문에 멋진 저녁을 망쳐버려야 할지 아니면 더 이상 어쩔 수 없는 일이니 그냥 받아들여야 할지 말이다. 별로 중요하지도 않은 일에 에너지를 낭비하는 것은 애석한 일이다.

불행이라고 말할 수 있을까

감자볶음이 좀 탔고, 세탁을 잘못해 양말이 쪼그라들어 못 신게 됐다고 그것을 불행이라고 말할 수 있을까?

아끼는 접시가 깨지고, 귀한 식탁보가 포도주 얼룩으로 지저분해졌다고 싸워야 할까?

결혼기념일을 잊어버리고, 연애편지를 잃어버렸다고 화

를 내야 할까?

모든 것을 그렇게 심각하게 받아들여야만 할까?

결국 시간이 흐르면, 수많은 좋은 일 중에 '그저 운이 없어 일어났던 몇 가지 일'로 웃어넘길 수 있는 일이다.

15
대화

대화란 상대가 옳을 수 있다는 것을 전제로 한다.

>> 한스-게오르크 가다머 Hans-Georg Gadamer, 1900-2002(철학자)

대화 아닌 대화

부인 당신 뭔가 좀 이상하네. 무슨 일이 있어?

남편 아무 일도 없는데?

부인 아냐… 뭔가 있어….

남편 없어.

부인 나한테는 솔직히 말해도 돼.

남편 얘기할 게 없다니까.

부인 내가 당신을 모를까 봐 그래? 자, 말해봐!

남편 정말 아무 일도 없어!

부인 왜 무슨 일이 있는지 말하지 않는 거야? 난 당신 아내잖아!

남편 글쎄 아무 일도 없다잖아.

부인 당신 말을 믿을 수 없어.

남편 그러든지.

부인 당신은 늘 그런 식이야. 나는 당신을 도와 문제를 해결하려는데, 당신은 그렇게 고집을 부리니….

남편 아, 당신 때문에 방금 뉴스를 못 들었잖아.

성장의 대화

저녁에 이루어지는 대화는 낮에 일어난 일들을 서로 이야기하는 것으로 시작해서, 그날의 뉴스나 텔레비전 프로그램 또는 신문 기사에 대한 토론으로 이어질 수 있다. 자신의 생각을 이야기하고는 상대방이 그 주제에 대해 어떻게 생각할지 몰라 긴장하기도 한다. 상대방이 생각을 말하면 그에 대해 반박하기도 하고 재빨리 새로운 근거를 생각해 내 입장에 대한 밑받침으로 제시하기도 한다. 상대방을 확실히 이해시킬 사례들을 찾아보기도 하고 그러면서 스스로 새로운 아이디어를 얻기도 한다. 갑자기 그 주제에 대해서 어디선가 읽은 것을 생각해 내기도 하고 그 주제와 관련된 책을 찾아내어 인용하기도 한다. 그러면 상대방은 또 반박할까? 아니면 상대방을 확실히 이해시키는 데 성공한 것일까? 이런 긴장감 속에 토론은 뜨거운 설전이 되기도 한다.

하지만 상대방의 반박에 대해 잘 생각해 보고 그중 어떤 것은 받아들이기도 할 것이다. 그리고 지금까지 자신의 입장을 곰곰이 생각해 보고 고칠 것은 고쳐 새로운 입장을 세울 것이다. 그러려면 상당히 민첩하게 반응해야 한다.

이렇게 격렬한 토론이 벌어지는 저녁은 뭔가 잘못되어 싸움으로까지 이어지지만 않는다면 아주 흥미진진한 시간이 될 것이다. 이런 시간을 보내는 두 사람에겐 생동감이 넘쳐흐를 것이다.

16
행복

성공적인 결혼의 비결은 늘 상영되는 시리즈물에
다시 새롭게 특집극 분위기를 제공하는 데 있다.

>> 막스 오퓔스 Max Ophüls, 1902-1957(영화감독)

남자가 결혼에 익숙해지기까지 25년이 걸린다고 한다.
여자가 인내심을 가지고 그 오랜 시간을 기다린다는 것은 기적이다.

>> 제인 손턴 Jane Thornton(조정 선수)

네 번 결혼한 사람의 행복론

몇 년 전 잘 알고 지내던 지인과 이야기를 나눈 적이 있다. 네 번째 결혼한 그는 자신의 결혼에는 '행복'이 결여되어 있다고 했다. 그래서 나는 그 '행복'이란 것이 그에게 어떤 것인지 물었더니 이런 대답을 들려주었다.

"모든 일상적인 것을 초월한, 억지로가 아닌 자연스러운 편안함과 안도감.

그런 편안함 속에서 저절로 함께하는 육체적 결합. 미친 듯이 함께할 수 있는 공동의 창조적인 일이 있어 늘 함께 웃고, 함께 즐기면서 그 속에서 자연스럽게 서로 더욱 가까워지는 것."

단지 사랑스런 말 한 마디가…

오스트리아의 시인 페터 로제거Peter Rosegger, 1843-1918는 말했다. "자신들의 행복을 밖에서 찾는 부부들이 있다. 그래서 그들의 집에서는 행복이 죽어 있는 듯 보인다. 그 행복은 사랑이 담긴 말 한 마디로 되살릴 수 있는데 그 한 마디를 하지 않는다."

하늘에서 뚝 떨어지는 행복은 없다

때론 기적이란 것이 생기기도 한다. 오랜 시간 애쓰면서 고통받던 부부가 갑자기 편안해지고 크게 웃게 될 수도 있다. 밝고 즐거운 기분으로 무엇인가를 서로 함께하며 즐기는 기쁨을 다시금 찾게 된다. 이렇게 편안한 분위기에서 서로를 새롭게 인식하고 사랑이 다시 자라나는 것을 느끼게 된다.

그러나 그런 기적을 기다리기만 한다면 그것은 비극이다. 오래된 부부 관계에 새롭게 생기를 부여하려면 부부가 각자 나름대로 노력해야 한다.

함께할 프로그램을 정기적으로 짜놓는다는 중년 부부가 있었다. 한 달에 한 번은 영화나 공연을 본 후 레스토랑에서 식사를 하고, 한 번은 일상을 떠나 인근 도시나 괜찮은 호텔에서 주말을 보내며, 한 번은 교양을 쌓기 위해 박물관에 가거나 강연을 듣고, 한 번은 건강을 위해 수영장이나 사우나에 가거나 산책이나 자전거여행을 한다고 했다. 그렇게 매주 근사한 일을 만들어 두 사람이 함께 즐긴다고 했다.

25년

은혼식을 맞은 부부에게 축하를 건네며 어떻게 25년 동안 함께 행복할 수 있었는지 물었다.

"그 비밀을 알려드리지요."

두 사람은 웃으며 말했다.

"그 사람이 나를 행복하게 해줄 것을 기대하고 그것이 이루어지지 않았다고 탄식하는 대신, 그 사람의 행복과 평안을 계속 생각하는 겁니다.

내가 얻은 것은 무엇이고 그 사람이 잃은 것은 무엇인지 계산하지 말고 있는 힘을 다해 그 사람에게 필요하고 좋은 것을 줄 방법을 생각한다면, 사랑으로 일어나는 모든 것을 선물로 받아들이게 되고, 무한한 기쁨을 느끼게 될 것입니다."

17

두근거림

마음속의 나비

갓 사랑에 빠졌을 때 연인을 만나러 가는 길에는 심장이 쿵쾅거리고 두근거림으로 숨이 막힐 지경이 된다. 뭘 입어야 더 멋져 보일지 하는 고민, 연인을 만난다는 기대만으로도 흥분되고 기뻐서 맥박이 빨라질 것이고, 사랑하는 사람의 품에 안길 때까지 심장은 더욱더 힘차게 뛸 것이다.

그러나 시간이 지남에 따라 심장은 점차 고요해지고 마음속에서 펄럭이던 나비들은 더 이상 날아다니지 않는다. 그것이 정상이다.
하지만 깜짝 선물을 하거나, 저녁 식탁에 촛불을 밝히거나, 매혹적인 옷으로 새롭게 단장하거나, 집을 꽃으로 꾸며본다면 아내에게 또는 남편에게 다시 신선한 놀라움을 안겨줄 수도 있을 것이다. 이런 일들을 준비하는 동안 이것을 보고 그 사람이 뭐라고 할까, 마음에 들어할까 하는 기대감으로 긴장하게 될 것이고, 이로 인해 갓 사랑에 빠졌던 그때, 그 사람을 만나기 전의 흥분과 기쁨이 다시 전해질 수도 있을 것이다.

가슴을 두근거리게 하려면

프랑스의 여배우 오귀스틴 브로앙Augustine Brohan, 1824-1893은 1884년에 예순 번째 생일을 맞이했다. 그녀는 파리에 새로 마련한 집에서 손님들을 맞이했는데, 그 집은

5층에 있었다. 예전에 그녀를 사모했던 노신사가 첫 축하객으로 도착하여 힘겹게 높은 계단을 올랐고, 가쁜 숨을 몰아쉬며 마침내 그녀 앞에 섰다. 여배우는 그 노신사에게 웃으며 말했다.

"미안해요. 하지만 이 나이가 돼서 남자들의 가슴을 뛰게 하려면 이렇게 5층에 사는 것 말고는 방법이 없어서요."

18
유머

주님께서 세상을 창조하신 다음 남자와 여자를 만드셨다.

그리고 이 모든 것의 몰락을 막기 위해서 유머를 창조하셨다.

>> 기예르모 모르디요 Guillermo Mordillo(만화가)

행복이냐, 철학이냐

소크라테스의 부인 크산티페는 싸움을 아주 잘하는 것으

로 유명했다. 어느 날 두 사람은 다시 격하게 싸웠는데, 크산티페는 서슴없이 큰소리로 남편에게 욕을 했다. 소크라테스는 밖으로 도망 나와 자신의 집 창문 바로 밑에서 있었고, 크산티페는 그의 머리 위로 양동이째 물을 부었다. 흠뻑 젖은 소크라테스는 확실히 깨달은 바를 이렇게 말했다.

"크산티페가 천둥소리를 내면 그다음엔 비를 내리는군."

그러니 소크라테스가 자신의 제자들에게 결혼에 대해 다

음과 같이 말한 것은 무리가 아니다.
"만약 그대들이 착한 부인을 얻으면 행복해질 것이고, 악처를 만난다면 철학자가 될걸세."

400살까지 산다면

어느 날 저녁 남편이 아내에게 신문을 읽어주었다.
"유전자 연구가들이 노화유전자의 비밀을 풀기 위한 야심적인 프로젝트를 추진한다. 이 프로젝트의 첫 번째 목표는 인간의 수명을 400살까지 연장하는 것이다."
그러자 아내가 말했다.
"맙소사! 그럼 내가 당신과 360년이나 더 살아야 한다는 거야?"

19
있는 그대로

핵심을 찌른 축사

어떤 결혼식에 초대되어 축사를 할 일이 있었다. 그때 나는 실생활에서 타인을 완전히 받아들여야 하는 문제에 대해 이렇게 말했다.

"시간이 흐르다 보면 정말로 결혼하고 싶지 않았을 면들을 상대방에게서 계속 발견하게 됩니다."

그러자 그곳에 모인 하객들은 동조하는 듯 웃었다. 이 말이 핵심을 찌른 것이 분명하다.

사랑에 빠져있을 때는 장밋빛 색안경이 씌워지기 때문에 연인에게는 초콜릿처럼 달콤한 면만 있어 그것만을 즐겁게 맛볼 수 있으리라 믿는다. 하지만 시간이 지나면서 모든 것에는 밝은 면과 더불어 그 그림자인 어두운 면이 있음을 경험하게 된다. 그 어두운 면을 마주하고 받아들이는 것은 힘든 인내의 과정을 거쳐야 하는 고된 일이다.

사랑으로 무르익다

때론 당신을
있는 그대로 받아들이는 것이
힘들 때가 있습니다.
당신에게서
낯설고, 놀랍고,
화도 나는 면을
발견하게 됩니다.
사랑에 눈이 멀어
사람을 잘못 보았던 것은 아닐까
두려울 때도 있습니다.
하지만 나를 향해 지어주는
믿음직한 미소로
당신의 두 눈이 빛날 때면
내 모든 의심은 사라져 버립니다.
나는 쉼 없이
당신의 진정한 모습을 알아내어
날마다 우리 사랑의 폭을 넓히고
깊이를 더할 것입니다.

20

소통

겸손한 마음이란 스스로를 낮추는 것이 아니라 열어놓는 것이다.

그것이 소통의 열쇠다. 그때야 비로소 당신은 주고받을 수 있다.

>> 앙투안 드 생텍쥐페리Antonie de Saint-Exupéry, 1900-1944

책에는 없는 말

어떤 부부가 오래전에 사랑의 정신적인 측면을 다룬 책

을 선물받았다. 두 사람은 그 책이 마음에 꼭 들어서 늘 창가 책상에 두고 서로 번갈아가며 마음에 드는 구절이 있는 쪽을 펼쳐놓았다. 그렇게 부부는 상대방이 현재 어떤 생각을 하고 있는지 알 수 있었다.

어느 날 아침 남편이 그 책을 보러 갔더니 책은 덮여 있었고 그 옆엔 쪽지가 놓여있었다.

"오늘 아침식사는 침대에서 하고 싶어요. 오렌지 주스 한 잔, 버터와 잼을 바른 빵 한 쪽과 치즈 없은 통밀빵 한 쪽,

6분 30초 삶은 계란 하나 그리고 크림 넣은 커피 두 잔 부탁해요."

은혼식의 빵

은혼식 아침, 부부는 아침식사를 하려고 자리에 앉았다.
"여보, 오늘은 중요한 기념일이니 부탁 하나 들어줘요."
"말만 해요." 하고 남편이 대답했다.
"25년 동안 나는 빵의 겉 부분만 먹었잖아요. 오늘은 나도 부드러운 속 부분을 먹어보고 싶네요."
"그래요? 나는 예전부터 겉 부분이 먹고 싶었지만, 당신을 생각해서 맨날 속 부분만 먹은 건데…."

손으로 쓰는 편지

요즘 연인들은 사랑과 그리움을 전하기 위해 휴대전화를

가장 먼저 집어들 것이다. 하지만 이보다 더 멋진 방법이 있다. 옛날처럼 사랑의 편지를 손으로 써서 연인에게 보내보자.

편지를 쓰다보면 마음속에서 시적인 감성이 솟아나는 것을 느끼게 될 것이다. 글을 쓰면 전화로 토막토막 이야기하거나 키보드를 빠르게 두들기며 메일을 쓸 때보다 단어 하나하나를 더욱 깊이 생각할 수 있기 때문이다. 또 바스락거리며 봉투를 뜯고 편지지를 펼칠 때 공기 중에 퍼지는 그 긴장감도 놓칠 수 없는 매력이다.

무엇보다 좋은 점은 편지는 하루 종일 지니고 있을 수 있다는 것이다. 한적한 때 구석진 공원의 벤치 같은 곳에서 다시 펼쳐 볼 수도 있고, 잠자기 전에 손으로 직접 쓴 연인의 따뜻한 마음에서 또 한 번 온기를 느낄 수 있다.

21
타협

산이냐 바다냐

부부는 올해 휴가지에 대해 도저히 의견 일치를 볼 수 없었다. 아내는 꼭 산으로 가야겠다고 했고, 남편은 바다로 가겠다고 했다. 타협점이 보이지 않자 부부는 이번 휴가를 따로따로 보내기로 결정했다.

아내는 알프스의 마을로 갔고, 남편은 북해로 떠났다. 처음 며칠 동안은 각자가 꿈꾸던 곳에서 순조롭게 보냈다.

그러나 일주일쯤 지나자 남편은 이런 생각이 들었다.

'여기가 무척 멋지긴 하지만 아내와 함께 있는 것이 더 좋았을 텐데…. 나는 왜 그리 고집을 부렸을까? 당장 짐을 꾸려 아내가 있는 곳으로 가서 깜짝 놀라게 해줘야지.'

같은 시각, 아내도 자신이 양보했으면 좋았을 것이란 생각이 머리를 스쳤다. 휴가를 한 번쯤은 바닷가에서 보내도 좋지 않은가. 아내는 머물고 있던 작은 펜션을 나와 근처의 큰 도시로 가서 비행기를 타고 기차를 타고 남편이 있는 곳으로 향했다. 두 사람 모두 도착한 곳에서 기대했던 사람을 찾을 수 없어 무척 당황했다. 먼저 전화를 건 사람은 아내였다. 두 사람은 서로의 깜짝 시도를 알고 나서 크게 웃었다.

부부는 집에서 나머지 휴가를 함께 보냈다. 커피를 마시면서 아내가 조심스럽게 말을 꺼냈다.

"이번에 난 바다가 얼마나 아름다운지 알게 됐어. 내년 휴가엔 같이 바다에 가자."

"산이 훨씬 더 매력적이던걸. 상상 이상이었어. 내년 여름엔 같이 알프스에 가자!"

유연하게

늘 완고하게 자기 생각만을 고집하지 말고 상대방이 제안하는 것과 바라는 것을 따라보자. 거기에서 발견한 새로움은 자기 자신을 풍요롭게 할 뿐 아니라 부부 관계에 생동감과 활기를 불어넣을 것이다.

관계를 포기한다는 것

부부 관계에서 양보하지 못한다는 것은 그 관계를 포기하는 것이다.

22
키스

키스는 우리에게 남겨진 천국의 언어다.

>> 조지프 콘래드 Joseph Conrad, 1857-1924

천국 같은 키스

젊은 시절 연인들은 끊임없이 어루만지고 키스를 하곤 한다. 그러나 세월이 흐르면서 두 사람의 관계에서 이런

부드러움은 대부분 사라지고, 무엇을 샀고, 무슨 일을 해결했고, 무엇을 고쳐야 하는지에 대해서만 이야기하게 된다. 아니면 최근의 정치 발전에 대한 생각을 나누고 지난 선거에 대한 의견을 교환하며 잠자기 전, 텔레비전에서 본 영화에 대해 이야기할 것이다. 하지만 이런 일상적인 것을 전부 뒤로 하고 한 번쯤은 천국의 언어를 떠올려야 할 것이다. 지금부터라도 조심스레 자기 전 '잘 자요' 키스를 해보면 어떨까?

입술 위의 반짝이

젊은 법학박사와 이 젊은 박사가 관계하는 기관에서 일하는 여자가 서로 사귄다는 것은 아무도 모르는 비밀이었다. 어느 날 영향력 있는 사람들이 모두 모이는 회의가 열렸고 거기에 그 두 사람도 참석했다. 젊고 아름다운 그 여자는 멋진 옷을 입고 얼굴엔 화장을 했는데 특히 입술에 당시 유행하던 반짝이를 붙였다. 그런데 갑자기 회의 참석자들이 모두 다른 곳에 다녀와야 할 일이 생겨 그 젊은 박사와 여자만 남게 되었다. 잠시 후 사람들이 돌아왔을 때, 젊은 박사의 입술 위에는 반짝이가 묻어있었다.

>> 하인리히 폰 클라이스트Heinrich von Kleist, 1777-1811(극작가, 소설가)

일곱 번째 하늘에서

당신은
아침에 떠오르는 해이며
나의 밤을 비추는 별입니다.
당신은 나의 인생입니다.
당신의 입술이 내게 닿으면
나는 천사의 날개를 타고
지극한 행복에 들떠 이리저리 흔들리며
일곱 번째 하늘을
날아다니는 것 같습니다.

23
정열과 욕망

욕망에 대하여

"당신 몸에 있는 욕정을 모두 소진하라는 의미는 당신의 적법한 부인과 함께하라는 것이다. 그렇게 심장을 무디게 하여 다른 사람을 향한 욕망을 잠재우란 뜻이다."
11세기 페르시아의 교훈서 「카부스 나메」에는 이런 말이 있다. 「카부스 나메」는 이란의 서북부에 자리했던 지야르 왕조의 카이카우스 왕이 아들을 위해 저술한 교훈서다.

하지만 요즘 사람들은 아내나 남편의 심장이 정열을 통해 모두 소진되길 바라진 않는다. 서로에게 무엇인가 좀더 남아있기를 바란다. 물론 그 남아있는 성적인 무엇인가는 자신과 함께해야 한다는 전제 아래서다. 히브리 성경에서는 성행위를 다음과 같은 단어로 묘사하고 있다.

"그들은 서로를 알게 되었다."

그것은 피상적인 포옹이 아니라 연인에 대한 전체적인 인식 과정인 것이다. 이를 다음과 같이 표현해 볼 수도 있을 것이다.

"그들은 서로의 몸에 빠져들면서, 서로의 눈을 들여다보고, 그 눈을 통해 서로의 마음까지 들여다보았다."

성적 욕망, 환상, 꿈, 기대에 대해서 부부는 항상 솔직하게 함께 이야기해야 한다. 그래야 서로를 진정으로 충족할 수 있을 것이다.

거 봐, 거 봐!

농장 주인은 자기를 찾아온 젊은 부부에게 닭장을 보여주었다. 실제 닭을 보는 것이 처음이었던 젊은 아내는 놀라움에 말을 잃고 서 있었다. 그때 수탉 한 마리가 암탉 위로 뛰어올랐다. 아내는 잔뜩 관심을 보이면서 농장 주인에게 물었다.

"도대체 수탉은 하루에 몇 번씩 저러는 건가요?"

농장 주인은 잠시 생각하더니 이렇게 답했다.

"대략 20번쯤!"

그러자 아내는 남편에게 키스를 하고 웃으며 말했다.
"거 봐, 거 봐!"
그러자 남편은 농장 주인에게 물었다.
"저 수탉은 하루 종일 똑같은 암탉만 쫓아다니나요?"
농장 주인은 이렇게 대답했다.
"어유, 아니요. 계속 다른 암탉들을 쫓아다니지요."
그러자 남편은 아내에게 키스한 다음 웃으며 말했다.
"거 봐, 거 봐!"

시작은 필요하다

러시아 태생의 프랑스 극작가인 사샤 기트리Sacha Guitry, 1885-1957는 한 모임에서, 손 키스가 관습으로 유지되어야 하는지에 대한 질문을 받았다. 그는 이렇게 답했다.
"물론이지요, 어디부터든 시작을 해야 할 것 아닙니까?"

24
욕구

즐거움은 함께

남녀 사이에서 '욕구'란 개념은 종종 육체적인 열망과 동일시되기도 한다. 물론 그것도 욕구의 하나이지만 욕구가 의미하는 것은 그보다 훨씬 많다. 마음속에서 바라는 것이 전부 욕구다.

어떤 욕구는 혼자서도 충족할 수 있다. 한 잔의 차 혹은 아이스크림, 멋진 영화, 콘서트, 스포츠나 놀이에 대한

욕구가 바로 그런 욕구다. 그러나 그런 즐거움을 혼자 누리는 것보다는 함께 즐기는 것이 더욱 좋을 것이다.

물론 그러는 과정에서 충돌이 생기기도 할 것이다. 남편은 텔레비전에서 축구경기를 보고 싶은데 아내는 공원에서 산책하는 것을 더 좋아할 수도 있다. 그래서 공통적으로 할 수 있는 것을 찾는 것이 중요하다. 드 사람 모두 하고 싶은 것은 무엇이고, 재미를 느낄 수 있는 것은 무엇일까? 탁구, 요리, 사진 찍기 등 그런 일은 찾아보면 의외로 많다.

가끔은 소소한 내기를 해볼 수도 있다. 누가 더 많이 이길까? 누가 더 맛있게 만들까? 누가 더 감동적인 사진을 찍을까? 그러다 보면 다음번엔 아내를 또는 남편을 한번 이겨봐야겠다는 생각이 들 수도 있다. 이는 서로에게 좋은 자극이 될 것이다. 그렇게 즐기다 보면 에너지를 마음껏 발산하여, 새롭고 긍정적인 긴장감이 생길 것이다. 이는 육체적인 즐거움과 사랑에도 좋은 일이다.

오늘

오늘 우리는
서로에 대해서
서로의 옆에서
서로 함께
기뻐합니다.
오늘 우리는
즐거움과
사랑과
기분 좋은 일에
감격합니다.
오늘 우리는 서로를
따뜻하고
기분 좋고
황홀하게
안아줍니다.

25 함께하기

취미 활동

같은 취미 활동을 하다가 맺어진 부부들이 있다. 같은 운동을 하거나, 같은 오케스트라에서 음악 활동을 하거나, 같은 클럽에 가입해서 관계가 시작될 수도 있고, 무언가 수집하거나, 어떤 지역으로 여행을 하는 동안 만나서 결혼에 이르렀을 수도 있다. 하지만 대부분 시간이 흐르면서 처음에 함께했던 것들도 사라져 버리기 쉽다. 그럴 땐

두 사람이 함께 적극적으로 새로운 공통 관심사를 찾아 보면 좋을 것이다.

함께할 수 있는 일들

함께 극장에 가서 새로 상영되는 영화를 보자. 그런 다음 기분이 좋아지면 포도주를 한잔하자.

일요일의 산책은 기분을 새롭게 해줄 것이다. 싱그러운 나무 밑으로 소풍을 가서 눈을 감고 그저 누워만 있어보는 것도 좋을 것이다.
저녁엔 텔레비전을 끄고, 예전에 하던 놀이를 찾아내어 즐겨보자. 보드게임도 좋고 도미노게임도 좋고, 오랜 친구들을 불러 예전처럼 당구를 치는 것도 좋다.
상점가를 어슬렁거리며 구경하는 것도 재미있을 것이다.
비가 내리거나 눈이 오는 날엔 집에서 옛 사진들에 푹 빠져보자.
차를 한잔 마시면서 새로운 여행 계획을 세워보는 것도 나쁘지 않을 것이다. 언제 어디로 갈 것인지, 경비가 얼마나 들지 수다를 떨다 보면 벌써 깜깜한 밤이 돼 있을 것이다.
두 사람이 함께 기쁨을 느낄 일들은 이렇게나 많다.

26 친밀함

나를 이해해 주는 사람

사람들 간의 친밀함과 따스함은 좋은 것이다. 이런 친밀함은 애무와 같은 친밀한 신체적 접촉에서도 비롯되지만, 서로에 대한 관심, 말 없이도 서로 이해하고 있다는 확실한 느낌과 같은 정신적인 친밀도에 기대는 바가 크다.
그저 눈빛만으로도 "크게 실망한 당신이 어떤 기분인지 나는 잘 알고 있어."라는 말을 전할 수 있다. 또는 "네가 계획한 것을 이루어서 진심으로 기뻐", "오늘 하루 종일 네가 오길 기다렸는데, 네가 여기 있으니 정말로 좋다." 같은 긴 말을 애정 어린 작은 몸짓이 더 확실하게 전할 수도 있다.

부부 사이에 깊은 신뢰감이 자라나면 두 사람이 공간적으로 떨어져 있어도 마음으로는 가깝게 지낼 수 있다. 전화로 많은 이야기를 하지 않아도 목소리나 선택한 단어만으로도 상대방이 어떤 상태인지 금방 알아차릴 수 있다. 그 사람이 보이진 않지만 따뜻한 목소리를 듣는 것만으로도 위로받고 보호받고 있다는 느낌을 받게 된다.

바로 이런 순간 그 사람을 다시 보고 싶은 마음이 더욱 커진다.

27

열린 관계

관계를 유지한다는 것

두 사람이 함께 있으면서 서로 편안하게 느낀다는 것은 참으로 근사한 일이다. 하지만 각자의 다른 관계들을 유지하는 것도 중요하고 꼭 필요한 일이다. 친구들만의 작은 범위를 벗어나 이웃이나 동료와 술 한잔하면서 기분 좋은 저녁을 보낼 수도 있다. 그러는 동안 완전히 다르기도 하고 낯설기도 한 그들의 생각을 듣고 익숙지 않은 세계관을 접하면서 새로운 시각을 얻을 수도 있다. 물론 늘 그렇게 진지할 필요는 없다. 그저 재미있고 즐거운 시간을 보내는 것도 좋다.
이 모든 것이 부부가 함께하는 생활 구석구석에 중요한 영향을 미친다.

게스트하우스

기독교 신자인 한 노부부는 집의 일부를 외국인들에게 제공하기로 했다. 자녀들이 성장하여 독립한 후 큰 집이 텅 비었기 때문이다. 부부가 다니는 교회에서 운영하는 단체에는 머물 곳을 찾는 외국 학생들이 늘 있었다. 부부는 무료로 그 학생들을 받아들여 그들에게 식사를 제공하고, 그들이 집이나 가구를 찾는 것을 도왔다. 그렇게 해서 학생들이 알맞은 숙소를 구해 나가고 나면 곧이어 다음 학생들을 맞았다. 망명 신청자의 경우에는 관청까지 함께 가서 서류 작성하는 일을 옆에서 도와주었다. 부부는 이렇게 말했다.

"우리가 다른 사람들에게 주고 싶은 것을 함께 나눌 수 있으니 우린 정말 운이 좋은 거지요."

문을 열어두세요

즐거움이 가득한
기분 좋은 분위기를
함께 나눌 수 있는 사람들에게
당신의 도움과 지지를
필요로 하는
낯선 사람들에게
당신의 집과
마음을 열어보세요.
선한 당신의 마음이
몇 배가 되어
당신에게
돌아올 것입니다.

28
낙천적인 생각

반이 차 있는 건가, 비어 있는 건가

뼛속까지 비관적인 사람들이 있다. 그런 사람들은 컵에 물이 아직 반이 남아있어도 벌써 반이 비었다고 할 것이다. 일상생활을 하면서도 이런 일로 걱정하고 저런 일로 심란해할 것이고, 이는 일상생활을 공유하지 않는 다른 사람들과의 관계에도 나쁜 영향을 미칠 것이다.

비관적인 사람 다음 주엔 비가 계속 내린다는데…, 우리 휴가는 물 건너갔네.
낙천적인 사람 우리가 가는 곳엔 박물관들이 많으니 거길 가면 될 거야. 그것도 무척 재미있겠는걸. 또 거기엔 멋진 극장도 있으니 한 번쯤 공연을 보러가는 것도 좋을 거야.

비관적인 사람 식사 초대를 받았는데 그 집 음식을 생각하면 벌써부터 겁이 나.
낙천적인 사람 그 집 음식이 좀 특이하긴 하지만 다른 손님들과 재미나게 이야기할 수 있는 건 기대돼.

비관적인 사람 이 월급 가지곤 평생 가야 집을 장만할 수 없을 거야.
낙천적인 사람 은행에서 주택자금 대출에 대한 상담을 받아봤는데, 우리가 함께 저축 계획을 잘 세운다면 가능할 것 같아.

자, 위의 두 사람 중 어떤 사람과 함께하고 싶은가?

29
집안일

무의식과 불신

집안일이 더 이상 여자만의 일이 아니라고 여기게 된 것은 그리 오래된 일이 아니다. 여성운동의 결과 독일에서는 1977년에야 처음 부부 관계에 대한 규정이 법으로 제정되었다. 1969년 사람이 처음으로 달에 발을 디딘 것을 생각하면 늦어도 한참 늦은 일이다. 하지만 거기에도 부부 간의 임무를 구분하는 어떤 규정도 없었다.

그러나 많은 여성이 직장에 나가는 경우에도 집안일은 일차적으로 자신의 몫이라 생각하고 있다. 많은 사람의 무의식 속에 오래된 규범과 관습이 남아 여전히 영향을 미치고 있는 것이 그 원인의 하나다.

그러나 무엇보다 대다수의 남자들이 예나 지금이나 집안일을 하찮게 여긴다는 것이 문제다. 그런데다 여자들이 다 해주니 하지 않아도 되는 그 일을 굳이 할 필요가 없다. 하지만 집안일은 복잡하고 까다롭다. 그리 만만한 일이 아니다. 그러니 숙련된 아내가 미숙한 남편에게 선뜻 가사를 맡길 수 있겠는가?

행주를 쥐어주자

한 젊은 부부가 있었다. 아내는 집안일을 하면서 동시에 어린아이들을 돌보느라 바쁜데 남편은 늘 퇴근 후에 맥주를 들고 소파에 누워 텔레비전만 보는 것이다. 아내는 더 이상 참을 수 없었다. 그래서 어느 날 저녁, 아내는 행주를 남편 손에 쥐어주었다. 비록 시작은 행주뿐이었지만 이것이 설거지, 청소, 다림질 등으로 이어질 수 있을 것이다.

어쩌면 이 젊은 아내가 한 일을 우리도 한 번쯤 시도해 봐야 하지 않을까?

행복을 위한 분담

당신은 요리하고
나는 설거지를 해요.
당신은 청소를 하고
나는 쓰레기를 버려요.
당신은 빨래를 하고
나는 옷장을 정리해요.
예전의 고정된 역할에
더 이상 얽매이지 않으니
우린 서로 더 가까워지고
아이들은 더 행복해집니다.

30

돌보기

기쁠 때나 슬플 때나

결혼 서약을 할 때는 '기쁠 때나 슬플 때나' 서로에게 진실할 것을 맹세한다. 기쁜 때나 슬픈 때에는 여러 가지 종류가 있을 것이다. 배우자가 아픈 일은 슬프고 힘든 때가 될 것이다. 아픈 배우자를 돌보는 일에는 단지 먹거나 마시는 것을 챙겨주는 신체적인 도움만 있는 것이 아니기 때문이다. 건강이 좋지 않을 때 사람들에게는 용기와

위로 그리고 친밀함과 애정 같은 정신적인 지원이 더욱 필요한데, 이를 충족하는 것은 쉬운 일이 아니다. 그러나 아픈 배우자를 돌보는 시간을 통해 부부의 관계는 풍요로워질 수 있다. 아내 또는 남편의 침대맡에 앉아있는 동안 두 사람이 건강했을 때는 제대로 하지 못했던 이야기를 나눌 수 있다.

하지만 아픈 것도 아픈 것 나름이다. 예를 들면 가벼운 감기 또는 골절 같은 일시적 장애인지, 회복의 가능성이 보이지 않는 중병인지에 따라 큰 차이가 있기 때문이다.

남편이 암 말기로 생존할 가능성이 없다는 것을 알게 된 아내가 있었다. 아내는 자신이 생각할 수 있는 모든 것으로 남편의 마지막 삶을 멋지게 해주고 싶었다. 부부는 짧기는 했지만 여행까지 함께했다.

치매를 앓고 있는 아내를 온 힘을 다해 집에서 돌보았던 남편도 있다. 더 이상 집에서 아내를 돌볼 수 없게 되어 요양원에 의탁한 후에도, 아내가 자기를 알아보지 못해도 날마다 요양원을 방문했다.

나는 이런 분들이 정말 존경스럽다.

31
시

마음속은 시

'우정, 사랑, 동반자 관계'는 내가 가르치는 학교의 학생들에게 가장 인기 있는 주제다. 이에 대해 학생들이 지금까지 경험한 것에 대해서 이야기하도록 하거나, 이와 연관된 심리학자의 주장도 살펴보게 했다. 어떤 방식이든 나름대로 의미가 있었다.

어느 날 나는 사랑의 시 몇 편을 복사해 들고 강의실에

갔다. 그리고 이 시 구절에서 마음을 끄는 부분에 밑줄을 긋고, 그에 대한 생각을 교환한 다음 스스로 사랑의 시를 써보라는 과제를 제시했다. 그러자 곧바로 "아, 못 해요", "떠오르지가 않아요." 하는 볼멘소리들이 들려왔다.

하지만 그러한 저항도 곧 잦아들고 하나둘씩 빈 종이 앞에 앉아 주위를 둘러보기도 하고 주저하기도 하면서 뭔가를 쓰기 시작했다. 나는 학생들 사이를 돌면서 적어놓은 글들을 흘끗흘끗 읽어보았다. 몇몇 학생들은 정말로 아름다운 글을 종이에 옮겨놓고 있었다. 초안이 완성된 학생들은 각자 쓴 시를 하트 모양으로 자른 빨간 종이에 옮겨 적도록 했다.

그다음 시간에 아주 열성적으로 글을 썼던 한 학생이 자기가 쓴 시 두 편을 남자친구에게 선물했는데, 그가 무척이나 기뻐했다고 전해주었다.

졸업시험도 끝난 한참 후 그 학생을 시내에서 다시 만났는데, 그 이후로 계속해서 시를, 특히 사랑의 시를 써왔다고 했다.

사랑의 시는 꼭 수업시간에만 쓰는 시가 아니다. 연인에 대한 감정을 시로 표현하고 그것을 선물하는 일은 괴테나 실러가 아니라도 할 수 있는 일이다.

알지 못하지만 사랑합니다

당신을 향한 나의 사랑은
내 삶 깊은 곳의 비밀입니다.
그 사랑은
나 자신도 이해할 수 없고
파악할 수 없으며
이유를 댈 수도 없으니까요.
그러나 나는 매일매일 느낍니다.
내 모든 삶이
그 사랑에 빠져있다는 것을 말입니다.

32
실없는 짓

노부부의 놀이터

나이가 들수록 애들 같은 놀이에서 더 큰 즐거움을 찾을 수 있다.
노부부가 어린이 놀이터 근처에서 산책하다가 남편이 그네에 앉아 몸을 흔들면서 "여보, 그네 타러 와요!"라고 아내를 부를 때, 누가 알겠는가, 어떤 추억이 거기에 담겨있는지.

번호로 말하는 대화

50년을 함께 산 부부가 하루는 재미삼아 지금껏 그들이 자주 사용하는 말들을 다 적은 다음 번호를 매겼다. 그러고는 그 말을 할 일이 있으면 매긴 번호를 댔다. 부부는 금혼식 날에도 그런 식으로 대화를 했다. 남편이 "7." 하고 말하면 부인은 "13."이라고 대답했다. 손님들이 이 두 사람의 대화를 듣고 그들이 정상인지 걱정하자 두 사람은 큰 소리로 웃음을 터뜨렸다.

두 사람이 운전하는 자동차

어느 날 저녁, 시내에서 나이 지긋한 남녀가 음주단속에 걸렸다. 두 사람은 서로에게 장난을 치면서 낄낄대고 있어서 경찰은 근처에서 열린 포도주 축제에 참가한 술 취한 손님들일 것이라 생각했기 때문이다. 하지만 경찰의 예상은 빗나갔다. 그 두 사람은 그날 금혼식을 치른 부부로 음주 측정 결과 혈중알콜농도도 아주 낮았다.

경찰은 더욱 어리둥절해서 그들이 탄 차를 자세히 살펴보았는데, 놀랍게도 자동차학원의 교습용 차량처럼 앞자리 양쪽에 브레이크와 액셀러레이터가 도두 장착되어 있었다. 왜 이렇게 했는지 경찰이 묻자, 부부는 즐겁게 대답했다.

"우리 두 사람 중 누구든 브레이크를 밟거나 속력을 낼 수 있게 하려고요."

때론 '오버'해 봐도 좋을 것

춤추고 노래하고
책상과 의자 위로 뛰어오르고 싶습니다.
내기 달리기를 하고
초콜릿 과자 100개를 사고
한밤중에 공원에서 장미를 꺾어
사랑하는 사람의 가슴에 안겨주고 싶습니다.
그리고 갓 사랑에 빠진 것처럼
기쁘게 애무하며 풀숲을 뒹굴고 싶습니다.
밤을 새워서 우스갯소리를 하면서 실컷 웃고
초대받지도 않은 이웃집 풀장에서
몰래 수영을 하고 싶습니다.
아주 아주 많은 초를 하트 모양으로 밝혀놓고
정말로 진지하게
우리의 사랑이 영원할 것을 맹세하고 싶습니다.

33

붉은 장미

바깥 세상으로 향기를 풍기는 모든 장미는

천체의 비밀을 이야기한다.

>> 루미 Rumi, 1207-1273(시인, 신학자)

여기 당신이 보고 있는 장미는

주님의 영원함을 꽃피우고 있다.

>> 안겔루스 질레지우스 Angelus Silesius, 1624-1677(성직자, 시인)

붉은 장미가 비처럼 내리면

"나에게 붉은 장미가 비처럼 내리겠지요."
독일의 배우이자 가수인 힐데가르트 크네프Hildegard Knef, 1925-2002는 이렇게 노래한 적이 있다. 이 가사를 조금 바꾸어 사랑에 빠진 사람에게 이렇게 노래할 수도 있을 것이다.
"당신에게 붉은 장미가 비처럼 내릴 겁니다."
'장미'를 주제로 한 내 첫 번째 책이 출판되었을 때 나도 이와 비슷한 경험을 했다.
남편이 집 거실에 나의 첫 책을 놓고 그 둘레를 붉은 장미 백 송이로 장식해 주었다. 그때의 사진과 기억은 아직도 나를 감동시킨다.

장미의 비밀

그리스 시인 사포*Sappho*, 기원전 7세기경가 장미를 아무 이

유 없이 '꽃의 여왕'이라고 하지는 않았을 것이다. 장미는 아름다운 모습과 향기뿐 아니라 여러 가지 면에서 다른 꽃들을 능가한다.
특히 붉은 장미의 경우는 사랑의 상징일 뿐 아니라 천국으로 난 창문 같은 것으로 우리 자신 안에서 신성을 느낄 수 있도록 해준다.

상자에서 나온 사랑의 인사

"이제 모든 것을 깨끗이 정리할 때가 되었어."
여자는 혼잣말을 하며 상자들 속에 혹시 뭔가 남아있는지 살펴보았다. 그러다가 한 종이 상자 속에 말린 장미들이 들어있는 것을 발견했다. 여자는 그것을 보고 곰곰이 생각했다. 누구에게서 받은 것일까? 결혼 부케 속에 있던 것일까?
아니면 결혼 전, 사랑했던 사람에게서 받은 것일까? 추억이 다시 깨어나 오래전에 흘러가 버린 감정이 다시 여자의 마음속에 살아났다. 꿈, 희망 그리고 고통스러웠던 기억까지도 어제 겪은 일처럼 떠올랐다.
실제로 누가 그 장미를 주었는지 아무리 생각해도 기억나지 않았지만 여자의 가슴속에서는 생생한 사랑의 빛이 다시 빛나기 시작했다.

장미와 가시

그리움에
가득 차서
사랑을 향해
손을 뻗으니
빨간 장미에
닿았습니다.
장미는 고혹적이지만
가시가 있고
그런 것이 자연이니
상처 없는 사랑이란 없겠지요.
하지만
영원하자고 약속한
두 사람은
사랑의 맹세만을
되뇌고 있네요.

34

선물

몇 시간 동안
당신께 드릴 것을 찾았지만,
아무것도 없었습니다.
지금은 꽃집도 문을 닫았어요.
그러니 이번엔 돈으로 살 수 있는 것이 아닌,
나의 마음만을 당신께 드리려 합니다.

>> **토마스 크노델** Thomas Knodel(교회음악가)

무엇을 선물할 것인가

여자들이 안타깝게 생각하는 것은 남자들이 선물하는 일을 무척 어려워하고, 대부분 선물 고르는 것 자체를 힘든 일로 여긴다는 것이다. 하지만 사실 그렇게 어렵지 않은 일일 수도 있다. 가장 큰 선물은 상대방에게 자신의 마음을, 자신의 사랑, 관심, 무조건적 헌신과 자신이 가진 시간의 일부를 주는 것이기 때문이다.

독일의 극작가이자 시인인 게오르크 뷔히너Georg Büchner, 1813-1837의 로맨틱 코미디 〈레옹세와 레나〉에 보면 이런 구절이 나온다.

"우리 모든 시계를 부수고 모든 달력을 없앤 다음 꽃시계에 맞춰, 꽃피고 열매 맺는 것에 따라 시간을 계산하기로 해요."

자신을 선물하는 부부

오 헨리O Henry, 1862-1910의 유명한 단편 소설 「크리스마스의 선물」은 선물의 가슴 뭉클한 순간을 잘 전해준다.

젊은 부부, 델라와 짐은 행복했지만 너무 가난해서 넉넉하게 살지 못했다. 델라는 다음날로 다가온 크리스마스에 남편을 위한 선물을 살 수 없어 낙담하고 있었다. 그러던 차에 좋은 생각이 퍼뜩 떠올라 거울 앞에 섰다. 풀어 늘어뜨린 금빛의 머리칼은 거울 속에서 물결치는 황금 바다처럼 빛났다. 델라는 두 눈에 고인 눈물을 삼키고 계단을 뛰어 내려가 머리카락을 사줄 가게로 서둘러 갔다. 그 빛나는 머리칼을 잘라주고 받은 돈을 품에 안고 델라는 짐을 위한 선물을 사러갔다. 한참 동안 찾은 끝에 드디어 짐에게 꼭 맞는 선물을 발견했다. 백금 시곗줄이었다. 다 떨어진 가죽 시곗줄 대신 그 백금 시곗줄을 달면 짐의 시계도 멋져 보일 것이다. 하지만 집에 도착해 짧아져 버린 머리를 보자, 그래도 짐이 자신을 사랑해 줄지 걱정되기 시작했다.

짐은 늘 그렇듯 제시간에 돌아왔다. 그런데 델라를 보는 짐의 실망한 눈빛이 델라를 혼란스럽게 만들었다. 하지만 곧 짐은 델라를 품에 꼭 안은 다음 작은 상자 하나를 꺼내어 주었다. 그 상자를 열어본 델라는 기쁨의 탄성과 함께 눈물을 흘리고 말았다. 상자 속에는 진짜 보석이 박힌 정말로 멋진 머리 장식 빗이 있었던 것이다. 델라가 무척이나 갖고 싶어 했던 바로 그 장식 빗이었다.

"내 머리카락은 빨리 자라."

델라는 이렇게 말하며 짐은 물론이고 자신을 위로하려 했다.

그리고 델라는 짐에게 준비해 둔 선물을 주었다. 짐은 그 선물을 한참 바라보더니 이렇게 말했다.

"우리 선물들이 너무 값진 것이어서 쓸 수 있을 때까진 좀 오래 기다려야겠네. 머리 장식 빗을 사려고 나는 시계를 팔았거든."

오늘 당신을 위해 시간을 내려 합니다

오늘 당신을 위해 시간을 내려 합니다.
나를 완전히 당신에게 맞추려고 합니다.
당신이 말하는 모든 것과
말 없이도 내가 알아차린 모든 것이
내겐 무척 소중합니다.
오늘 당신께 나 자신을 선물하려 합니다,
당신에 대한 내 모든 관심과 사랑
그리고 공감을 말입니다.
오늘 나는 오로지 당신만을 위하여
존재합니다.

35
침묵

친밀함의 침묵

침묵에도 여러 가지 종류가 있다. 상대에 대한 흥미를 잃어버려 더 이상 할 말이 없어지는 것도 일종의 침묵이다. 이렇게 되면 죽음 같은 정적이 일상을 지배하게 된다. 그러한 정적은 텔레비전에 묻혀버리거나 컴퓨터 게임으로 잊혀지기도 한다.

하지만 서로 침묵한다는 것은 부부 관계에서 완전히 다

른 것을 의미한다. 그런 침묵은 함께 이룬 조용한 합의이자 상대방에 대해 서로 품게 되는 감정으로, 많은 말이 필요치 않고 커나가는 그런 것이다. 이런 침묵 속에서는 한 번의 웃음이나 부드러운 동작 하나가 다음과 같은 많은 말을 압축해서 전하기도 한다.

"지금 당신이 어떤지 알고 있습니다.
아무 말 하지 않아도 당신을 이해합니다.
내 어깨에 기대 쉬십시오.

우리가 하나되어 호흡이 일치할 때까지,
정적이 우리의 깊은 친밀함을 감싸 안을 때까지."

사랑의 침묵

이스라엘의 배우이자 가수인 달리아 라비Daliah Lavi도 이런 생각이나 경험으로 이 노래를 불렀을 것이다.

"내가 사랑을 표현하는 방식은 아주 간단합니다.
침묵하는 것, 필요 없는 말들은 안 하는 것이지요."

36 그리움

그리움을 아는 사람만이 나의 고통을 알 것이다.

>> 요한 볼프강 폰 괴테 Johann Wolfgang von Goethe, 1749-1832

마음속의 그리움

아마도 우리는 사랑하는 사람과 오랜 시간 떨어져 있을 때, 이 구절을 한 번쯤 떠올려 보았거나 고통스럽게 경험해 보았을 것이다. 시곗바늘은 보통 때보다 더 느리게 움직이고, 그 사람으로부터 다음 전화가 올 때까지의 시간은 끝없는 고문이며, 며칠 또는 몇 주밖에 안되는 시간이 영원처럼 길게 느껴진다. 사랑하는 사람에게로 데려다 줄 기차가 들어올 때까지 승강장에 서 있는 그 짧은 순간과 사랑하는 사람이 있는 곳으로 향하는 발걸음 하나하나가 끝이 없는 것 같다. 마침내 사랑하는 사람을 다시 품에 안을 행복한 순간이 오면, 마음 깊은 곳으로부터 이 시간이 그대로 영원히 멈췄으면 하고 바라게 된다.

37 연대감

여왕의 지원

네덜란드의 여왕 빌헬미나Wilhelmina der Nederlanden, 1880-1962와 그의 남편 하인리히 폰 메클렌부르크 슈베린Heinrich von Mecklenburg-Schwerin, 1876-1934이 네덜란드를 여행하던 중, 한 도시를 방문하게 되었다.

여왕은 그 도시의 귀족들과 대화를 나누게 되었는데 그 중엔 가톨릭 성직자도 몇 명 있었다. 독일 귀족가문 출신

도 아니고 명석한 두뇌의 소유자도 아니라고 알려진 여왕의 남편도 그 대화에 참여하고 싶었다. 그래서 한 성직자에게 그의 아버지도 성직자였는지를 물었다. 성직도 왕위처럼 계승하느냐는 좀 바보 같은 이 질문에 좌중에서는 어색한 정적이 흘렀다. 여왕이 남편의 실수를 덮어주려고 얼른 나섰는데, 그 말이 더 황당했다.

"아, 남편이 깜빡 잊은 것 같네요. 본래 가톨릭 신부님들에게는 아버지가 없잖아요."

선수를 치다

부부는 드디어 오랫동안 꿈꿔왔던 중국 여행을 떠났다. 여러 명과 함께 가는 여행사 상품이었던 그 여행의 가장 중요한 대목은 사흘간의 양쯔 강 선상 유람이었다. 그런데 하필 그때 남편이 병에 걸리고 말았다. 남편은 열이 났기 때문에 찌는 듯이 무더운 날씨 속에서는 신선한 공기를 마실 수 있는 외부 선실에서 묵는 게 좋을 것이라고 아내는 판단했다. 그래서 서둘러 자신들에게 배당될지도 모를 선실을 미리 살펴 그 번호를 파악해 두었다가 여행 안내원이 선실을 배정할 때 아내는 재빨리 외부 선실을 골랐다. 덕분에 남편은 여행 내내 심하게 아팠지만 최소한 열린 문을 통해 시원한 공기만은 충분히 마실 수 있었다.

스스로 위험을 무릅쓰다

정말로 사랑하는 사람은
먼 길도 감내합니다.
자신의 두려움도 이겨내고
위험에 대처할 줄도 알며
희망을 잃지도 않습니다.
정말로 사랑하는 사람은
스스로
위험을 무릅씁니다.

38
싸움의 기술

부부는 서로 많이 싸우게 된다.

그렇게 함으로써 서로에 대해 알게 되기 때문이다.

>> 요한 볼프강 폰 괴테

당신 말은 듣고 싶지 않아

퇴근 후 평화롭게 저녁식사를 마치고 나서 남편은 아내

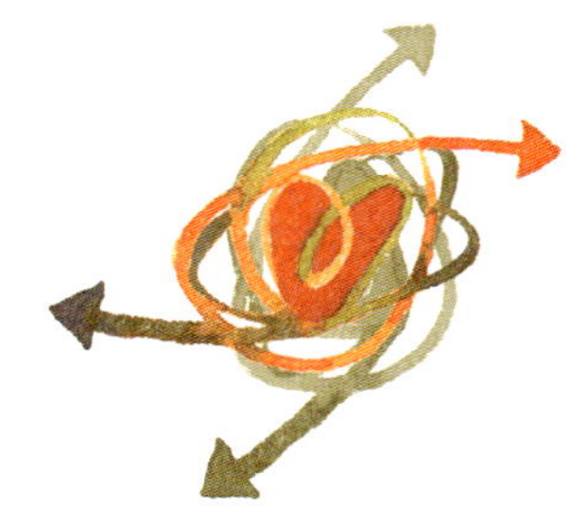

에게 다음날 런던으로 중요한 출장을 떠나야 하니 비행기를 놓치지 않도록 6시에 깨워달라고 부탁했다. 그런데 그 후 두 사람은 심하게 싸웠고, 남편은 아내에게 이렇게 소리쳤다.

“이제 당신 말은 한 마디도 듣고 싶지 않아!”

다음날 아침 잠에서 깬 남편은 시계를 보고 하얗게 질리고 말았다. 9시였던 것이다. 남편이 화가 나서 벌떡 일어서는데 침대 옆 탁자에 쪽지가 하나 붙어 있는 것을 발견했다. 거기엔 이렇게 쓰여 있었다.

"6시예요. 일어나세요!"

싸움도 배워야 한다

발전된 싸움 문화는 모든 사회뿐 아니라 사랑의 관계에도 필요하다. 싸울 때는 말 그대로 서로 멀찌감치 떨어져 앉아보자. 이렇게 하면 나 말고 다른 사람을 완전히 인식하고, 그 사람이 무슨 생각을 하는지, 무슨 일을 겪고 있는지 집중해서 파악할 수 있는 가능성을 열어놓을 수 있다. 또 그 사람에 대한 새로운 점을 이해하는 것은 물론, 자신을 놀라게 하거나 자신에게 상처를 주기도 하는 편치 않은 여러 사정까지도 이해할 수 있게 된다. 그러한 차이점을 견뎌낸다면, 비록 오랜 시간이 걸리겠지만 새로운 관점을 얻게 되어 두 사람의 관계는 넓고 깊어지게 될 것이다.

옳지는 않지만 부당한 것은 아니야

엘리자베트 베르크너Elisabeth Bergner, 1897-1986는 1920년대와 30년대 초반에 세계적으로 유명한 여배우였다. 그녀는 자의식이 강했고 '해방된 여성'이란 말에 걸맞은 그런 여성이었다. 그래서 뭇 남성들의 마음을 사로잡았는데, 나중엔 영화감독인 폴 치너Paul Czinner, 1890-1972와 결혼했다.

부부는 어느 날 심하게 다투었다. 몇 시간 동안의 격렬한 논쟁이 소득 없이 끝난 후, 엘리자베트는 결론을 내렸다.

"그래, 좋아. 내가 늘 옳은 것만은 아니란 점은 인정해."

그러고는 숨을 깊이 들이마신 후 단호하게 덧붙였다.

"하지만 결코 부당한 것은 아니야."

39
춤추기

춤이 주는 행복

“심각함으로부터 자유롭게 해주고, 각기 떨어져 있는 사람들을 전체와 연결시켜 주기에 춤을 찬양한다. 건강한 몸과 맑고 민첩한 정신을 요구하고 촉진시키기에 춤을 찬양한다. 아, 춤을 배우라! 그러지 않으면 하늘의 천사들도 해줄 것이 없을 테니….”

성 아우구스티노St. Aurelius Augustinus, 354-430의 이 말이

옳다. 음악에 맞춰 근육을 움직이면 머릿속에선 엔도르핀이 나와 스트레스가 없어지고, 몸에는 감각들이 살아난다. 젊고 매력 있게 해주는 춤을 누가 거부하겠는가?

우리 춤출까요

"나는 춤을 못 춥니다."라는 건 핑계일 뿐이다. 음악에 맞춰 몸을 움직이는 것은 누구나 할 수 있는 일이다. 비록 텔레비전에서 유행하는 춤을 출 줄 몰라도 나이에 상관없이 하려는 의지만 있다면 춤을 출 수 있다. 일단 음악의 리듬에 맞춰 몸을 흔들기 시작하면 금세 그 재미를 느끼게 될 것이다. 공공 장소에서 춤추는 것을 원하지 않는다면 집에서 음악을 틀어놓고 남편에게 또는 아내에게 권해볼 수도 있을 것이다.

그래도 완강히 거부하면 결혼기념일 등에 댄스 강좌 수강권을 선물해 보자. 열심히 강좌에 임한다면 종강 때는 신체적으로 왜소했던 나폴레옹Napoléon Bonaparte, 1769-1821이 포토츠카 백작부인Anna Potocka, 1779-1867에게 들었던 칭찬을 들을 수도 있을 것이다.

나폴레옹이 춤을 춘 후 백작부인에게 자신의 춤이 어땠냐고 묻자 백작부인은 답했다.

"폐하, 위대한 사람답게, 멋지게 춤을 추십니다!"

이런 칭찬은 아마도 댄스 고급과정에 도전할 동기를 부여할지도 모른다. 사랑은 사람을 춤추게 한다.

40

꿈꾸기

꿈의 환상

풀잎을 입에 물고 눈부신 여름 벌판에 누워 저 하늘에 꿈을 띄워보는 것만큼 멋진 일이 있을까?
벨을 한번 누르기만 하면 에스프레소, 밀크셰이크 또는 칵테일이 대령되는 근사한 바닷가 별장, 현관 앞에 대기하고 있는 고급 리무진, 세계 어느 항구에든 정박할 수 있는 요트를 가지고 대단한 손님들과 멋진 파티를 즐기는 것을 꿈꿀 수도 있을 것이고, 편의점에서 산 복권이 당첨되는 것처럼 불가능한 일확천금을 꿈꿔볼 수도 있을 것이다.

꿈은 살아 있다

이런 꿈을 꾸는 것도 재미있는 일이지만 별장 대신 작은 정원이 딸린 타운하우스로, 리무진 대신 실용적인 가족용 SUV로, 요트 대신 근처 호수에서 물놀이를 할 수 있는 고무보트로, 세계일주 대신 2주 간의 해외여행으로 바꾸어 본다면 어떨까?
바라는 것을 조금만 낮추면 실현이 불가능한 일도 아닐 것이다. 비록 대박을 터뜨리진 못했다고 하더라도 꿈은 계속될 것이고 부부 관계에 활력을 불어넣을 것이다.

여름 벌판 위의 꿈

할 일은 잠시 접어두고
여름 풀밭 위에 누워
함께 꿈꾸어 보는 것은
얼마나 멋진 일일까요?
함께 세계를 돌아다닌다면
프랑스의 고성(古城)에 갈까, 티베트에 갈까?
결혼한다면
아기를 하나 가질까, 둘을 가질까?
집을 산다면
아파트로 할까, 전원주택으로 할까?
하고 있는 일을 계속하는 것이 좋을까,
새로운 일을 찾아보는 것이 좋을까?
우리를 정말로 행복하게 하는 것이
무엇인지 아직 잘 모르지만
함께 꿈꾸는 것만으로도 기쁩니다.

41
신의

일곱 부부의 일곱 가지 신의

일곱 사람에게 부부의 '신의'란 무엇인지 물었더니 일곱 가지 다른 대답이 나왔다.

"바람피우지 않는 것."

"배우자를 무조건 믿는 것."

"무슨 일이 생겼을 때, 도망치지 않고 함께 견디는 것."

"어떤 상황에서도 자신의 말을 끝까지 지키는 것."

"자신의 약점까지도 털어놓을 수 있는 것."
"어려울 때나 심하게 아플 때 돌봐주는 것."
"부부 관계를 항상 새롭게 유지하기 위해서 자신의 몫을 다하는 것."
당신의 대답은?

부인의 신의

그림 형제Jacob Grimm, 1785-1863, Wilhelm Grimm, 1786-1859가 전하는 이야기 중에 이런 것이 있다.
1140년 신성로마제국의 황제 콘라트 3세Konrad III, 1093-1152가 독일 남서쪽에 위치한 바인스베르크를 포위하자 그곳 여자들은 항복을 하며 조건을 걸었다. 그것은 자신들이 원하는 것을 등에 지고 나갈 수 있게 해달라는 것이었다. 콘라트 3세는 그 조건을 받아들였다. 그러자 여자들은 각자 남편, 오빠, 아버지를 어깨에 메고 나왔다. 콘라트 3세의 신하들은 그것은 허락할 수 없다고 반대했지만 콘라트 3세는 크게 웃으며 여자들의 기발한 책략에 은혜를 베풀었다.

"왕의 말이다. 이미 말한 것이고 약속한 것이니 바뀌지 않을 것이다."

이 이야기는 계속 입으로 전해져 바인스베르크에 있던 그 성은 지금까지도 '부인들의 신의'라는 의미의 '바이버트로이Weibertreu'라고 불리고 있다.

사랑하는 것은 신의를 지키는 것

내가 당신을 사랑한다고 말하는 것은

일생 동안 당신에게

신의를 지키려

노력하겠다는 뜻입니다.

당신은 늘 나를 의지하고

어떤 경우든

나를 믿을 수 있다는 뜻입니다.

42
위로

슬픔을 함께 짊어지다

한 여자가 어머니의 죽음에 대해 이야기했다.

"어머니가 돌아가시고 아주 힘들었는데, 남편이 정말 잘 해주었어요. 사망 후의 모든 절차를 처리하는 것은 물론이고, 저에게 참 헌신적이었어요. 이게 큰 위로가 되었어요. 슬픔이란 것이 며칠이나 몇 주 만에 사라지는 것은 아니거든요. 그 사람은 내가 어린 시절이나 젊은 시절을

회상할 때마다 언제나 잠자코 내 말에 귀를 기울여 주었지요. 그러면서 때로는 손을 잡아주거나 머리를 쓰다듬어 주면서 안정을 찾도록 해주었어요.

또 나를 견뎌내고 참아주었어요. 보통 상(喪)을 당한 사람들은 한바탕 울고 나야 슬픔을 이겨낼 수 있다고 하잖아요. 나도 남편에게 몇 번인가 소리 지르면서 울었어요. 그건 사랑하는 사람을 빼앗아간 것에 대한 분노였지요. 어머니는 몇 년은 족히 더 살 수 있었는데 왜 벌써 돌아가셨는지 생각하면 화가 났거든요. 남편이 없었다면 벽에 붙은 파리나 상점 점원에게 화풀이를 했을지도 몰라요.

하지만 다행히도 그렇게 분노를 폭발시키는 것이 슬픔을 이겨내는 방법이란 것을 그 사람은 알고 있었기에 늘 바로 옆에서 이 모든 공격적인 폭발을 받아주었지요. 그 점이 특히 고마웠어요.

처음에 우린 주말마다 어머니가 계시는 공원묘지에 갔어요. 그러다 차츰 한 달에 한 번 정도로 횟수가 줄었지요. 때때로 슬픔과 분노가 다시 복받치기도 했지만 전반적으로 진정되었습니다. 남편은 내 슬픔을 세심하게 함께해 줌으로써 나를 다시 삶의 길로 되돌려놓았어요."

조용한 동행

지금 당신 앞에 놓인
슬픔의 길은
멀고도 길기만 합니다.
아무도 당신을 대신해
그 길을 걸을 수 없습니다.
하지만 나는 이 길을
조용히
당신과 동행하겠습니다.
그리고
당신이 나지막한 웃음을
되찾는 그날까지
당신 마음을 어지럽히는
모든 눈물과 분노와 슬픔을
함께 짊어지겠습니다.

43
예의

부부 간에는 공손함이 꼭 필요하다

직장 동료나 낯선 사람과 마찬가지로 친구나 친척에게 예절을 갖추는 것은 당연한 일이다. 직장 동료나 상사에게 보이는 공손함은 행복한 부부 관계에 꼭 필요한 요소다. "부탁해", "고마워", "미안하지만… 좀 해줄 수 있어?", "정말 친절하군요"처럼 삶을 좀더 아름답게 만드는 말을 하는 데는 그렇게 많은 시간과 노력이 필요한 것도 아니다. 한 사람은 아직도 손에 국자를 들고 있는데 다른 사람은 벌써 음식을 먹기 시작하는 것보다 두 사람이 함께 시작하면 훨씬 기분 좋게, 맛있게 식사를 할 수 있다.

한때는 당연하게 받아들여지던 예절들이 시간이 지나면서 변하기도 한다. 예전에는 여자가 외투를 입거나 벗을 때 남자가 도와주는 것이 당연한 일이었으나 오늘날에는 이를 달갑게 여기지 않는 여자들도 있다. 또 남녀가 함께 식당에 들어설 때 남자가 앞서서 여자를 위해 문을 잡아주는 것이 일반적이었지만, 요즘엔 여자가 먼저 들어서기도 하고 음식을 주문하기도 한다.

여성에 대한 남자들의 오래된 '기사도적' 예의범절이 사라지면서 새로운 규칙이 필요하게 되었다. 그렇다고 사회 전체에 일률적으로 적용할 규칙을 찾아내야 하는 것은 아니다. 상대방을 존중하고 귀하게 여기는 행동방식을 알아내는 것은 부부 사이에도 충분히 가능한 일이다.

삶의 품위와 풍요

예절은 일종의 장식으로, 사랑에 품위를 더해준다.
상대방에게 예의를 갖추는 것은 삶을 품위 있게 가꾸는 것이다.

44
책임

"네가 길들인 것은 네가 영원히 책임져야 해!"

여우는 어린 왕자에게 말했다.

>> 앙투안 드 생텍쥐페리

부부는 어떻게 서로를 돌보는가

부부 관계에서는 서로를 어떻게 책임져야 할까? 어린 자

식들과 달리 두 사람은 모두 성인이라 스스로 자기 자신을 돌볼 수 있다. 하지만 그렇지 않은 상황이 언제든 생길 수 있다.

예를 들어 약 먹는 것을 늘 소홀히 하는 남편이 제시간에 약을 먹는지 잘 살펴봐야 하는 경우도 있고, 당뇨병을 앓고 있는 아내가 단것을 몰래 먹지는 않는지 주의해서 봐야 하는 경우도 있다.

수학은 내가 더 잘해

1928년 아인슈타인Albert Einstein, 1879-1955이 심하게 아파서 병원에 갔더니 의사가 엄격한 금연을 처방했다. 이후 아인슈타인은 좋아하는 담배 파이프를 끄집어내 보기만 하고는 도로 집어넣어 담배를 피우지 않겠다는 의지를 아내 앞에서 보여주곤 했다. 그러다 파이프에 불을 붙이는 때가 몇 번 있었는데 그것이 아내를 화나게 했다.

"당신 오늘 벌써 몇 번째 피우는 거야?"

"한 번."

"솔직히 말해봐!"

"으음, 두 번째야."

"당신 거짓말하는 거 다 알아."

아내의 추궁에 아인슈타인은 작은 목소리로 말했다.

"세 번째."

아내는 화가 나서 말했다.

"최소한 네 번은 될걸."

마지막 추궁에 대해서 아인슈타인은 이렇게 반박했다.

"아냐, 그렇진 않아. 수학은 내가 당신보다 더 잘하는걸."

파티가 끝나고

다음날 새벽에야 파티가 끝났다. 정말 멋진 파티였다. 부부는 취했고, 최고의 기분이었다. 그런데 남편은 자동차를 가지고 집으로 돌아가려 했고 아내는 반대하며 자동차 열쇠를 뺏으려고 했다.
그것이 언쟁이 되어버렸고 다른 사람들이 그 모습을 보았다. 남편은 자신이 마누라 치마폭에 싸여 아내가 시키는 대로 다 하는 사람으로 보여 웃음거리가 되었을 거라고 생각했다. 그러는 동안 아내는 택시를 불렀고 한 친구가 마침내 남편을 설득해 택시에 오르게 했다. 다음날 어느 정도 정신이 돌아온 남편이 말했다.
"취하면 난 자만해지는 것 같아. 고마워, 당신이 흔들리지 않아 무사히 집으로 올 수 있었어."
그리고 아내와 함께 차를 가지러 갔다.

45
용서

서로 너그럽고 자비롭게 대하고, 하느님께서 그리스도 안에서 여러분을 용서하신 것처럼 여러분도 서로 용서하십시오.

>> 에페 4, 32

용서하고 또 용서하라

한 젊은 신부가 생애 처음으로 하는 혼인 미사 집전을 하

루 앞두고 있었다. 하지만 젊은 부부가 함께 가야 할 인생 길에 어떤 말을 해줘야 할지 도무지 생각나질 않았다. 어찌 해야 할지 모르던 신부는 혹시 어떤 영감이 떠오를지도 모른다는 희망을 가지고 산책에 나섰다. 도중에 한 농가 앞에서 나이든 아주머니를 만나 이런저런 이야기를 하다가 고민을 털어놓았더니 아주머니는 웃으며 말했다.

"그 두 사람에게 언제나 서로 용서하고 또 용서하라고 말하세요!"

죄 없는 자, 돌을 던져라

요한복음 8장에 나오는 유명한 이야기는 용서에 대해 많은 생각을 하게 만든다.

예수께서 성전에 모여든 사람들에게 말씀하고 계실 때였다. 평소 그분을 곱게 보지 않던 율법학자들과 바리사이들이 간음하다 붙잡힌 여자를 끌고와서 예수님을 시험하며 물었다.

"자, 간음하다 현장에서 붙잡힌 여자가 여기 있습니다. 모세의 율법에 따르면 이 여자는 돌로 쳐 죽여야 합니다. 선생님 생각은 어떠하신지요?"

주변 사람들도 이들에 호응하며 그분에게 답을 요구했다. 하지만 예수님은 아무 말 없이 몸을 굽혀 손가락으로 땅에 무언가 쓰기 시작했다. 사람들이 큰 소리로 답을 재촉해도 한참을 그렇게 있다가 드디어 몸을 일으키고는 이렇게 말씀하셨다.

"너희 가운데 죄 없는 자가 먼저 저 여자에게 돌을 던져라."

예수께 대답을 요구하며 소리치던 사람들로 시끄럽던 성

전은 이 한마디에 쥐 죽은 듯 조용해졌다. 이윽고 나이 많은 사람부터 하나씩 성전을 떠나 마침내 예수님과 여자만이 남았다. 여자는 끌려온 그 자리에 그대로 서 있었다. 예수님은 그 여자에게 죄를 묻던 사람들이 어디 갔는지 물었다. 여자가 모두 돌아갔다고 대답하자 예수께서 이렇게 말씀하셨다.

"나도 네 죄를 묻지 않겠다. 어서 돌아가라. 그리고 이제부터 다시는 죄짓지 마라."

어떻게 용서할 것인가

한 제자가 물었다.

"저는 어떻게 다른 사람을 용서해야 하나요?"

스승이 대답하였다.

"단죄하지 않는다면 다른 사람을 용서할 필요도 없다."

>> 앤소니 드 멜로 Anthony de Mello, 1931-1987(예수회 신부)

용서는 증오를 이긴다

"용서는 모든 증오에 독이 된다."라고 독일의 신학자 풀베르트 슈테펜스키Fulbert Steffensky는 예리하게 표현한 바 있다. 이것을 달리 표현하면 "용서는 모든 사랑을 위한 자양분이다."라고 말할 수도 있겠다.

상처 주지 않는 인간관계란 없다는 것을 우리는 경험을 통해 알고 있다. 어떤 상처는 너무 깊어서 불가피하게 서로 헤어지게 되는 경우도 많다. 그러나 이혼율이 높아진다는 기사를 읽다보면 너무 일찍 포기하는 부부가 많은 것은 아닐까 하는 의문이 든다. 허심탄회하고 치열한 대화를 통해 그런 상처를 함께 대면하지도, 자기가 책임질 부분을 인식하지도 인정하지도 못한 채 포기하는 것은 아닐까? 이런 노력이 진지하게 이루어진다면 부부의 관계는 더 견고해지고 깊어져 오랫동안 지속될 것이다.

화해

내 손에 들린 하얀 장미는
평화와
조화로운 생각과
감정을
전해줍니다.
이것을 가지고 오늘
당신을 만나려 합니다.
내 손에 들린 하얀 장미는
오늘 화해하기 위해
당신에게 바치는 것입니다.
우선 제 손을 먼저
잡아주시고
그리고 이 장미를
받아주세요.

46
신뢰

신뢰는 다른 사람을 이해하려 노력할 때 생겨난다. 예를 들어 각자 자기 자신에 대해 깊은 이야기를 나눌 때 생겨난다. 자신의 삶에 대해, 자신에게 중요하게 생각되는 어린 시절과 두려움과 희망과 꿈에 대해 이야기하고 그 이야기를 단순히 귀가 아닌 마음으로 들을 때, 마음속으로부터 서로를 가장 기초부터 파악할 수 있게 된다. 또 웃음거리가 될지 걱정하지 않고 약점을 털어놓을 수 있다면 그 관계는 큰 위안을 줄 것이다. 그러려면 이야기한

내용이 다른 사람에게 옮겨지지 않으리라는 믿음이 전제되어야 한다.

이렇게 생겨난 신뢰는 서로의 인격을 존중하는 과정에서 자라난다. 하지만 우리는 모두 자신만의 사연과 자신만의 경험과 자신만의 열망을 지닌 개별적인 인간이다. 그 때문에 자신의 바람과 이상을 내려놓고, 다른 사람을 있는 그대로 받아들임으로써 자신을 다른 사람에게 맡기는 것이 늘 쉬운 일은 아니다.

다른 사람을 그 사람 그대로 받아들인다 해도 그 사람이 어떤 사람인지 어떻게 알 수 있단 말인가? 그 사람을 알았다고 생각하는 순간 그 사람은 변한다. 갑자기 새로운 것에 흥미를 보이기도 하고 의외의 사람을 사귀기도 한다.

사람은 불변의 존재가 아니다. 서로 신뢰한다는 것은 계속되는 변화의 과정을 민감하게 파악하여 깊이 이해함을 뜻한다. 이러한 신뢰가 바탕이 되는 관계에서는 서로 의미 있는 영향력을 주고받을 수 있을 것이다.

47

존중

오, 여보!

신성로마제국의 오토 대제Otto I, 912-973는 아내에게 자신의 왕국이 얼마나 멋진지 보여주고자 여행을 떠났다. 될니츠 지역에 새로 생긴 작은 도시를 지날 무렵 아내를 사랑하는 마음이 가득한 오토대제는 이렇게 말했다.

"당신이 여기에서 맨 처음 하는 말을 이 도시의 이름으로 하겠소."

아내는 남편을 애정 어린 눈으로 바라보면서 생각해 봤지만, 자신은 좋은 이름을 지을 수 없을 것 같았다. 그래서 당황스러운 듯 작은 소리로 말했다.

"오샤츠Oschatz, 오, 여보, 제가 어떻게…?"

그러자 오토대제는 웃으면서 도시를 가리키며 말했다.

"이제부터 이곳의 이름은 '오샤츠'다."

실제로 오늘날에도 이 도시는 '오샤츠'라는 이름으로 불리고 있다.

경의를 표하는 방식

안타깝게도 또는 다행스럽게도 우리는 황제의 부인이 아니고 여왕의 남편이 아니어서 배우자로부터 이런 경의를 기대할 수 없다. 그리고 집에서 기르는 개에게 경의의 표시로 아내나 남편의 이름을 붙여 개를 부를 때마다 서로 당황하게 되는 일이 일어나는 것도 바라지 않는다.

다행히도 이런 것 말고도 서로에게 존경과 경의를 표현

할 수 있는 방법은 굉장히 많다. 일상생활에서 해내는 일들을 잘 이해하고 늘 칭찬하고 인정해 주는 것이 분명 그 첫걸음일 것이다. 하고 있는 일에서 성공을 거뒀을 경우엔 거창하진 않아도 직접 파티를 열어 축하해 주는 것도 좋고, 기념일에 서로 돌아가며 하고 싶은 일을 마음대로 할 수 있도록 해주는 것도 좋을 것이다.

48

서로 만져주기

공원을 산책하다가 함께 벤치에 앉아 있는 노부부를 보았다. 아내는 남편에게 기대고 있었고 남편은 부인의 뺨을 부드럽게 쓰다듬고 있었다.

나는 이 모습에 크게 감동받았다. 공공연히 서로를 쓰다듬는 것이 젊은 사람들에게야 보통 일이겠지만 나이 든 사람들에게는 그렇지 않다. 예전엔 그렇게 배우질 않았기 때문이기도 하지만 무엇보다 시간이 많이 지났다는 게 큰 이유다. 시간이 지남에 따라 사랑은 시들해지고 부

드러운 말을 건네는 일은 점점 사라지는 것이 인지상정이다. 하지만 다른 사람의 팔에 안기고 포옹하고 바로 곁에서 사람의 온기를 느끼고 싶은 욕구는 없어지는 것이 아니다.

오늘, 깜짝 선물처럼 그 사람을 부드럽게 쓰다듬어 주어 보자. 분명히 그 사람은 이에 응답할 것이다.

부드러운 사람

당신께 부드러운 사람이 되어
조심스레 당신을 안을 겁니다.
당신은 내 인생에 가장 중요한 사람이란 것을
당신이 항상 느끼길 바랍니다.
당신의 애무가
내 영혼을 파고들어
당신의 부드러움 속에서
행복에 휩싸이게 되고
사랑의 마법이
새롭게
멋지게
우리를 하나로 만들어 준다는 것을
작은 몸짓 하나로
당신에게 보여주고 싶습니다.

49
경청

아내는 말을 너무 많이 하고 남편은 그 말을 너무 안 듣는다.

>> 쿠르트 괴츠Curt Goetz, 1888-1960(작가, 배우, 영화감독)

소문보다 좀 나은

「왜 남자들은 남의 말을 듣지 않고 여자들은 주차를 못 하는가」라는 책에는 남자와 여자의 차이점이 잘 제시되어 있다. 특히 눈에 띄는 내용은 남자도 여자만큼 남의 말에 귀 기울일 수 있는데 그렇게 보이지 않는다는 것이다. 여자들은 표정이나 몸짓 등을 통해 감성적으로 반응하는 반면 남자들은 중립적인 표현만 하기 때문에 여자들이 벽에 대고 얘기하는 것처럼 느낀다는 것이다.

완전히 귀 기울이는 것

귀를 기울여 듣는다는 것은 다른 사람의 말에 있는 그대로 빠지거나, 그 내용에 대해 자신의 의견이나 경험담을 말하는 것이 아니라, 정말로 입을 닫고 조용히 들으며 온전히 다른 사람의 입장이 되어보는 것이다. 내게 무엇을 말하려고 하는지, 어떤 감정, 어떤 두려움, 어떤 희망이 그 말 속에 숨어 있는지 집중하는 것이다. 때로는 나지막이 "음"이라고 하는 것만으로도 그 사람의 말을 주의 깊게 듣고 있고 가슴속 깊이 새기고 있음을 충분히 보여줄 수 있다. 그리고 말하는 사람은 자신이 털어놓은 이야기들이 다른 사람들에게 노출되지 않을 것이라는 확신을 가지게 될 것이다. 그래서 자신을 열어 보이면서도 안전하다고 느낄 것이다.

마음의 소리

한번쯤
자신의 소리를 낮추고
다른 사람이 하는 말을
들어봅시다.
한번쯤은
자신의 비난을 삼키고
다른 사람이 내게 하는 비판을
받아들여 봅시다.
한번쯤은
고요와 마음의 소리를
진실로 들어봅시다.

• • •

지은이 크리스타 슈필링-뇌커Christa Spilling-Nöker

1950년에 독일에서 태어났다. 철학박사 학위를 받고, 교육학과 심층심리학을 연구했으며, 교회 목회자로 활동하고 있다. 요리에 관심이 깊어 요리와 종교를 연관해 삶을 바라본 책을 여러 권 집필했다. 쓴 책으로는 「봄과 부활절의 축복」「겨울과 크리스마스의 축복」「삶의 기쁨에 대한 작은 책」「별은 당신에게 길을 알려줍니다」 등이 있다.

• • •

옮긴이 유향자

이화여자대학교와 동 대학원에서 독어독문학을 전공했다.